自行车
骑行宝典

自行车骑行宝典

[法] 祖拜尔・艾特・阿卜杜拉
[法] 罗曼・皮西厄 著

涂春琰 译

北京出版集团
北京美术摄影出版社

简　介

很少有运动项目能做到和自行车运动一样全面而舒适。无论你是10岁还是70岁，是男性还是女性，是职业运动员、运动爱好者还是自行车发烧友，都可以进行自行车运动！

你希望更轻松环保地出行吗？想要增强自己的或地球的“身体素质”吗？期待发现一个舒适、有趣而温暖的群体，并与之分享你心中的热爱吗？

别再犹豫了！本书为你提供各类骑车技巧、骑行建议、骑行路线及其他有用信息，并且将从介绍自行车的众多益处和优点开始，多方面展示自行车的世界。自行车不仅为你提供比公共交通工具更加方便和快捷的无污染出行方式，还可以帮助你塑造身型！

此时你的脑海中是不是已经蹦出了许多实际问题，比如，该选择什么样的自行车，该怎么调整和保养自行车，发烧友们都在哪儿聚集，身处大城市该如何保护好自己的自行车，面对这项新运动，该如何调整饮食，等等。不用担心，答案就在书里！我们将在书中一起学习如何把这项新兴运动融入日常生活、如何选择自行车配件、如何应对爆胎问题、如何安全骑行等多项技能，同时整本书还将用通俗易懂、简单有趣的方式向你详细介绍这个经济、实用的交通工具的所有构造，充分满足你的好奇心。

当然，除了对骑行者身心和自然环境的益处之外，自行车还拥有其他诸多优点，而这一切等你来发现。

让我们就此出发吧！

日常通勤、周末出行和假期旅游路上的理想伴侣！形式多样，任君挑选！

目 录

自行车的优点

自行车运动的好处

和专业的自行车运动员不同，很多原因促使我们进行自行车运动，或为身体健康，或为保护环境，当然也有出于节省时间和金钱的目的，但有一点是相同的，那就是骑行带来的快乐！

那么，你喜欢骑行吗，你骑行的目的是什么呢？

有益于健康

自行车运动为身体健康带来众多好处，下面我们就来列举一些。

1. 自行车运动对人体损害非常小。事实上，我们骑在自行车上时，无须用身体支撑车身。通过腿部进行圆圈式蹬踏动作，可大幅度降低地面冲击力对人体骨骼的作用；而有些人在跑步时常常是脚后跟着地，着地时地面产生的反作用力将会影响身体一些部位的骨骼（如膝关节、踝关节和髋关节等）。如果将跑步与自行车运动相比，髋关节、膝关节和踝关节受力越小，关节间摩擦力也越小，减小摩擦力也减少了运动对关节造成的损害；而相较于跑步，自行车运动则不会对上述关节造成创伤性损害，运动过程也更缓和。

2. 自行车运动让身体的“发电机”动起来。这台源源不断为身体血管网输送血液的“发电机”就是心脏。心率提高有助于血管扩张，维持血管良好的收缩性，对血液循环系统的健康有着不可忽视的作用，维持血管软度可避免血管过早栓塞。除此之外，自行车运动还可以帮助身体细胞更有效地进行氧合作用。

3. 自行车运动还可以改善人体呼吸系统。一个经常久坐的人，尤其受各种因素（缺少时间或对运动不感兴趣等）影响而极少做（甚至不做）运动的人，在运动后往往会出现呼吸急促的情况。正如自行车运动也一样，运动时会加快心跳速率和呼吸频率，向身体发出需要大量氧气的信号；随后，大脑向肺部和心脏发出指令，让其高强度运转以最大限度保证供氧。这就是为什么你在运动时会出现心脏剧烈跳动、大口喘气的情况。但无须惊慌，一定范围内，呼吸频率的提高和心脏的加速运转对身体健康是有益的。随着运动次数的增多，人体从最开始的气喘吁吁变得驾轻就熟。简单来说，这代表你进入了运动的良性循环——能越来越轻松地做一项运动了，这也是身体在感谢运动带来的改变！

4. 运动后的舒适感。这种感觉与一种叫内啡肽的分泌物有关，常被称为“幸福激素”或“快乐激素”。在身体处于紧张状态或受到疼痛刺激时，人体会产生高效的自然抗应激反应，刺激大脑分泌内啡肽，在运动期间或运动结束后（运动持续至少30分钟），释放出的大量内啡肽可以让人产生愉悦感并起到镇静作用。

5. 自行车运动还对饮食起着积极作用。随着骑行次数的增加，你会想要吃得更健康，从而自发地摄入身体必需的营养。冰箱成为你的“加油站”，碳水化合物变成你的盘中餐。

6. 能够帮助你改掉日常生活中的一些不好的习惯，如吸烟。这样不仅有助于新运动的有序进行，你的肺部还因此而重获新生。

7. 想要减肥吗？自行车运动将助你一臂之力。如果用自行车通勤，意味着每周至少4次自行车运动，那么在不知不觉中，你将发现它带给身体的变化，肌肉变得更紧实，腿部变得更纤细，小肚子也终将成为历史。不过以上效果均建立在遵循良好运动规律的基础上。

8. 当环境污染严重时，综合考虑各项因素，更推荐使用自行车出行。自行车能帮助你缩短出行时间，同时缩短人体暴露在有害微粒中的时间。一项由南部-比利牛斯空气质量研究所（ORAMIP）进行的研究表明，在路程相同时，自行车骑行者暴露在二氧化氮中的时长是机动车驾驶员的1/5，前者暴露在有害微粒中的时长是后者的1/2。骑行时可以佩戴防护口罩，虽然口罩并不能过滤空气中最微小也最危险的微粒；与此同时，你还要习惯从鼻翼和口腔呼出的热气。

自行车出行，为了地球，也为了你的肺部健康

自行车骑行既代表着一种个人奉献精神，一种独立的生活方式，又代表了我们为了地球及地球上所有形式的生命，贡献出我们所希望的最好的、最能表达敬意的一份力量。当你出于减少汽车尾气排放的目的，选择自行车出行是明智的。内燃机运作时，排放出的细小微粒极难治理，是导致空气污染的原因之一，同时还可能引发呼吸系统疾病。

很久没有骑行或新手上路

如果你很长时间没有骑行或完全新手上路时，千万不要过度运动，一定要循序渐进。短距离骑行，如出门购物、接孩子放学等生活琐事，对你来说是个很好的开始。随心而行，当心底有个声音告诉你要慢慢骑时，往往是有道理的，要听从它。你也可以向医生或运动理疗师寻求意见或建议，他们会根据你的实际情况为你科学地讲解并进行引导。建议年龄在40岁以上的人员每年进行体检，以确保你的身体状况良好，避免在做运动时产生不适。最后也是任何时候都要牢记的：即使慢慢骑行，也总比坐在沙发上一动不动好。

追着时间跑

与其追逐时间，不如在与时间赛跑的过程中占据主动，自己选择出行方式。以相同的路程（不超过10千米）为基准，对不同的城市交通工具（自行车、摩托车、轿车、电车和地铁等）的特点进行了比较，我们发现，当行驶路程在6千米左右时，自行车出行在路上耗时最少。骑自行车可以轻松地超过在红灯等待区的机动车队伍（但请务必遵守交通规则，参阅本书第116页）。自行车道还可以帮助你避开拥堵路段和单向车道路段，特别是在单向车道密集的城市里，从而合理地缩短行程。自行车骑行速度也相对恒定，在红绿灯路段更能体现出优势（注意这仅限于有合法指示牌的城市）。相对于机动车，自行车的停放更加便捷（参阅本书第36页，学会在外安全停放自行车）。当然，骑行会让你出汗和感到疲乏，但随着自行车生产技术的革新，电动自行车（参阅本书第22页）将帮你节省体力。别再犹豫了，快用自行车上下班通勤吧，只要简单地准备一件换洗衣服（短袖）或防护衣（参阅本书第70页）即可。

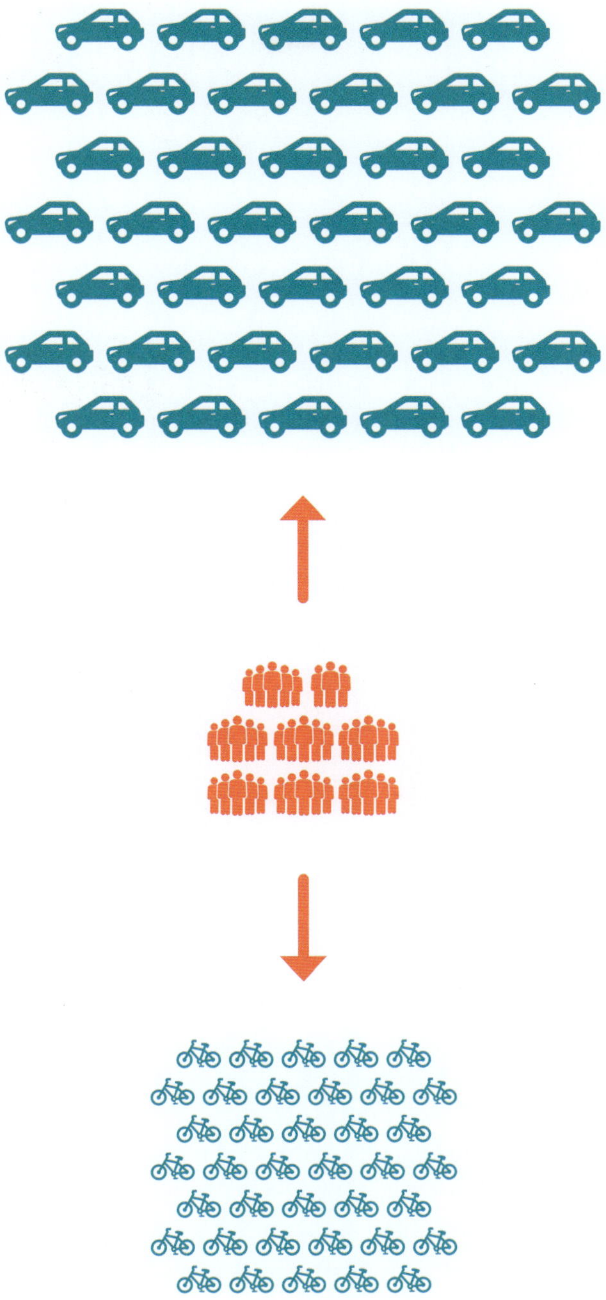

在市中心，自行车占有绝对优势：污染少，占地小，不堵车！

在市中心，6千米左右的行程，自行车是最快捷的出行方式。

自行车的发展趋势

越来越多的人开始选择这种出行方式，许多城市也在大力推广自行车的使用。自行车骑行精神正蓬勃发展，逐渐在人们心中扎根。

自行车由来已久

1817年，德国男爵、工程师卡尔·德莱斯发明了自行车，自行车的故事由此开始。这款自行车由两个轮子、一个坐包和一个“车头”组成，全木材制造，当年在巴黎展出，被称为“德莱斯自行车”或“跑步机”（Laufmaschine）。尽管设计存在一些问题：车身极重且危险，但还是吸引了一批人的关注，取得了成功。

1861年，巴黎的马车修理匠埃尔内斯特·米肖和他的儿子锁匠皮埃尔·米肖改变了自行车的历史。米肖父子把踏板安装到德莱斯自行车的前轮车轴上，“两轮车”应运而生，并于1867年在巴黎世博会上展出。作为现代自行车的鼻祖，“两轮车”当时极受大众特别是中产阶级喜爱。

1872年，“高轮车”诞生。法国艺术家欧仁梅耶尔设计制造了早期高轮车，利用巨大的前轮提高了自行车的速度。高轮车因其骑行难度极大而很少被使用。

自行车在19世纪末才得到普及。1885年，约翰·斯塔利第一次在自行车上安装链条，称为“罗孚安全自行车”，为两轮车的发展带来了技术上的革新。直到20世纪初，“飞燕自行车”的发明才标志着现代自行车的诞生。飞燕自行车前后轮大小相同，采用可拆卸充气轮胎。但“飞燕”二字从何而来呢？故事非常有趣：飞燕自行车因其速度能轻松地超过普通自行车的车速，而深受邮差和警察的喜爱，他们在骑车时，制服随风向后扬起，就像燕子飞舞时的翅膀一样，“飞燕”一名由此得来。

两轮车

高轮车

罗孚安全自行车

发扬骑行精神

2012年以来，法国政府在各大城市推行关于自行车的红绿灯路口“限流”系统。同时自行车道在法国也越来越普及，还相继成立了很多自行车协会（协会的工作人员喜欢称之为“自行车药店”）。在法国的许多大城市（巴黎、波尔多、南特、尼斯和瓦纳等），公共自行车的租赁价格非常低（半小时价格不到1欧元[1]），是日常短距离出行的理想交通工具。政府部门采取了众多措施解决自行车道路行驶的安全问题，促进自行车与其他路上交通的良好融合。因此只身一人骑行也并不孤单，自行车运动员和爱好者们早已踏上了这条路，路上还有大量的“自行车药店”帮助你解决问题。

“自行车药店”

正如“药店”店员们所说的，这些“自行车药店”将帮助途经的骑行者翻新或维修自行车，在提供给他们丰富的自行车知识后，让他们得以重装出发。还有一些“药店”专门为骑行者组装自行车：只需提供一个旧自行车架和一些零散部件，店员就可以凭借精湛的手艺，造出一辆崭新且实惠的自行车。

即使一个人骑行上路也不会感到孤单，很多人已经在路上等你了！

[1] 欧元，欧洲联盟中20个国家的货币，目前汇率，1欧元=7.3元人民币（图书出版于2018年）。

根据用途
正确挑选自行车

正确挑选自行车

根据实际用途仔细地挑选符合自身需求的自行车。一辆合适的自行车可以让你更安全、更舒适地骑行。

车型的重要性

首先要了解，男式自行车和女式自行车的基础框架结构不尽相同。其次要在选择自行车之前，确定车辆的主要用途，用于购物（完全不必购买用来参加比赛的自行车）或用于竞赛。阅读本章节，让我们一起寻找最适合你的自行车。

城市出行，舒适型

荷兰式自行车

城市休闲娱乐、短途旅行或外出购物时可以选择荷兰式自行车。顾名思义，这款自行车起源于荷兰，主要用于城市通勤。轮径较大，胎面相比其他自行车更窄，骑行效率比山地自行车更高。缺点是胎纹不如竞赛自行车细腻，在柏油路上的抓地力不足。

⊕ 骑行时，上半身要保持直立，视野更开阔，能更快地预判途中有可能突发的事件。自行车车座更大，表面用软布包裹，让臀部更舒适！此外，荷兰式自行车的车身非常坚固，使用寿命较长。

⊖ 上半身直立时，风力越大，自行车前行的阻力也越大，因而不适合较长距离的骑行。

€ 新款荷兰式自行车的售价一般在500欧元以上。

电动自行车

一款很受人们欢迎的新型自行车。电动自行车脚踏处装有一个电机，可支持50～90千米的行驶距离，具体行驶距离视不同车型而定。对于那些不想把自行车作为运动项目的人来说，电动自行车是他们理想的代步工具，他们不会在上班途中大汗淋漓，也不会在刮大风时寸步难行。

➕ 如果不介意车子外观的话，这款自行车可以说是无可挑剔的。

➖ 不能达到锻炼身体的目的，且车子的价格不低。

€ 售价一般在600欧元以上，如果想要一辆质量过硬、电池续航时间长的电动自行车，最好选择600～1200欧元价位的。

折叠自行车

折叠自行车方便携带，可以带上公共交通工具，是出行者不错的选择。因其车型小、重量轻和轮径小的特点，折叠自行车更适用于超短途骑行。

- 车身可折叠，使用灵活，便于携带。
- 性能不强，美观度不高，价格较昂贵。
- 这类折叠自行车的售价大约在250欧元。

城市出行，运动型

单速固齿自行车

单速固齿自行车，车身轻便，骑行速度快，但在其他方面并无明显优势。固齿自行车最早常被美国的快递员或法国的邮递员使用，那时他们为避免在收发包裹时自行车被盗，最大限度地减少了车上配件，包括自行车的刹车……固齿自行车在邮政行业的广泛使用，促使其在年轻人中成为潮流。

⊕ 车身轻便，固齿易于保养。

⊖ 其固定的车速导致上坡难度极大，除非你有（或正准备安装）两条混凝土般坚硬的大腿。

€ 有两种购买方式：到店购买新车的费用在300欧元左右；或者买一辆二手自行车，按照自身需求进行加工并改装成单速自行车，再刷上新漆，一辆个性化定制的单速自行车就诞生了。只要动动手，成本费仅需150欧元左右。

乡村出游或山林骑行

山地自行车

山地自行车非常适用于山路骑行，无论是泥泞道路还是丛林小路都可轻松穿越。前后轮（至少前轮）安装有避震装置，可有效提高骑行的舒适性。根据用途选择装配碟刹或圈刹：如果你比较看重自行车在不平整路面上的舒适性和可靠性，建议选择碟刹，可为你提供更佳的骑行体验和更大的安全保障。总的来说，山地自行车刹车力度更大，但也更缓和，可以防止车胎突然抱死。

⊕ 山地自行车车身的牢固性是其一大特质。

⊖ 相反地，山地自行车很少用于平坦路面。

€ 入门级的全新山地自行车至少需要200欧元；一款质量上乘的专业山地自行车的价位大约在400~600欧元；而高阶款价格可高达1500欧元。

全路面自行车（VTC）

全路面自行车，适用于所有路面，不管是公路还是山林小径，又或者是小障碍物，都能轻松通过。可以在自行车前叉安装避震装置以减小手部和腕部的负荷。

➕ 多功能，适合所有路面，舒适度比山地自行车更高。

➖ 各方面性能都一般，没有特别突出的优势。

€ 性价比非常高，150～300欧元即可入手一辆性能不错的新车。

用于自行车运动

竞赛自行车

专为竞速比赛和长距离骑行而设计，极受高水准自行车骑手的喜爱。有了它，乡村道路、沿海路和山间林道将不再是秘境。

⊕ 轻盈的车身、流线型设计、细腻的胎纹，可以给你带来最佳的速度体验。

⊖ 车座舒适度不高，患有下背部疼痛或缺乏肌肉锻炼的人可能无法很好地适应。

€ 投入在竞赛自行车上的资金取决于用途。如果只是简单地用于休闲活动，一辆单价600欧元的入门级车型即可满足需求；如果用于参加竞赛，则建议选择高性能、高质量的车型以确保赛时的最佳状态，费用要在1500欧元以上，例如克里斯托弗·弗罗姆，2013年环法自行车赛的总冠军，他参赛的自行车价格高达15000欧元。

越野公路车

越野公路车在自行车界的地位就如同越野跑在跑步运动里的地位。车身的空气动力学设计更优于全路面自行车，可带来更好的速度体验。外型设计原理与竞赛自行车极其相似，只是车胎更宽，胎面带有防滑齿。我们可以把越野公路车的功能定位在竞赛自行车和山地自行车之间，但和山地自行车不同的是，前后轮未配有避震装置。

⊕ 易于驾驶。

⊖ 不太适合平坦路面。

€ 越野自行车主要用于竞赛。大多数情况下，自行车手不会专门为越野运动购买专业自行车，往往使用原有的公路自行车，仅换上越野专用轮胎即可，因此成本一般控制在15欧元左右。如果单纯用于休闲娱乐，购买山地自行车就可以。

选择钢质车架还是铝质车架？

这两种材质都有忠实的粉丝，只要按照你的预算和用途进行选购即可。钢质自行车舒适度高且耐用，吸震性能好。相反地，金属铝因其硬度高而广为人知，车身更轻、不易生锈、容易保养。如今大部分自行车都采用铝材制作，其不管是制作成本还是售价都更高。

自行车代表着实用性！

中国学生李欢，设计了一款巧妙的“概念自行车”。这款自行车安装在室内，能够让骑行者边健身边洗衣服！全自动且无须电源，仅通过双腿踩动踏板产生动力。让人难以置信，不是吗？自行车的前轮被鼓状车轮替代，用来放置脏衣物，具有洗衣机的功能。概念自行车还配有USB接口，可以和移动电话相连接。如果是我，一定会在这款自行车上市的第一天订购。

正确选择自行车尺寸

选错自行车尺寸是骑行者常犯的错误：许多人选用了不适合自己身材的自行车。一辆尺寸合适的自行车不仅舒适还更加便于操控，一旦车型过小或过大就会让人在骑行时感到不适，甚至立即受伤。这样看来，正确选择自行车尺寸显得尤为重要。

快速判断

试车时怎样才能判断车身尺寸是否适合自己呢？一般来说骑上车保持上半身直立，臀部固定不动，这时如果双脚脚尖能够触地，那这就是尺寸合适的自行车。这里不强行要求小腿位于脚踏板下方。

仔细判断

根据裆部距地面高度、身高和臂长来选择大小合适的自行车。那么如何测量裆部高度？背部靠墙直立，脚后跟紧贴墙面，双脚微微分开约20厘米，然后用尺子测量裆部距离地面的高度，所得出的数值乘以0.885，就是所需的自行车高度，所有数据均以厘米为单位。当测算出的自行车高度介于两款自行车高度之间时，则需要根据臂长做最终选择。身高和臂长决定了车座与自行车车把的距离。那么如何测量手臂长度？首先展开双臂与地面平行，测量左手中指尖到右手中指尖的距离，将得出的长度减去身高，如果得出的数值小于0，选择较高的那辆车；反之则选择较矮的那辆车。

车型不适合自己的自行车会让你在骑行过程中感到不适，甚至受伤。

车座更换不要犹豫

车座是决定骑行舒适度的重要因素之一。自行车出售时通常配有“通用”车座。

如果坐上去觉得不舒服，不要勉强，及时换上一款更适合自身的车座。通常中空型车座是个不错的选择，但是每个人对不同款式的车座使用感是有差别的，因此买自行车的时候最好要求卖家提供多款多类型车座，试用后选出最适合自己的那个。

采用正确的骑行姿势

如何找到最适合自己的骑行姿势呢？要从了解自身需求出发：你是用来出门购物、上下班通勤还是周末休闲娱乐？日常的骑行距离和时长大约是多少？是否喜欢参加各类自行车竞赛？

你还要了解自己的身体状况，如果有背部疼痛，建议用上半身直立或微曲的姿势骑车。身体感受是选车的参考标准之一，具有完全的主观性，还可能会打破你选择自行车的原则。一辆自行车能引起你的注意，要么因其外形和色彩搭配，要么因其独特的性能等，但无论什么原因，最重要的是让你感到身心愉悦。

直立姿势

优点：视线更远
适用于：短途路程
匹配车型：荷兰式自行车、山地自行车、折叠自行车

微曲姿势

优点：速度稍快
适用于：中短途路程
匹配车型：全路面自行车、旅行自行车

弯曲姿势

优点：提速快
适用于：中长途路程
匹配车型：竞赛自行车、单速固齿自行车

空气动力学姿势

优点：高速骑行，专用于特殊训练或运动
适用于：长途路程或超长途路程
匹配车型：铁人三项自行车、计时自行车

如何归置自行车

问题虽小，却同样重要，好的归置方法可以为你节省空间，避免为频繁使用带来不便。建议最好把自行车悬挂或直立放置，靠墙或与墙面平行放置都有可能对车身造成损伤。

1

2

如果住在公寓楼中，自行车的归置或多或少是个问题。可以参考自行车尺寸、重量和屋内有效面积进行归置。

1. 停放架，最为人所熟知的自行车固定方式，支持多辆自行车并排停放，但也仅限于房屋有空余地方的情况下，如车库，才能安装停放架并充分体现其功能性。

2. 脚撑，帮助自行车在不靠墙的情况下能够直立停放。脚撑款式多样，建议在确定脚撑能够支撑车身重量的前提下，选择最合适的脚撑。

3. 悬挂式，这种方法少有人用，但在室内空间不足时使用起来特别有效，不过对房屋内部层高有要求。

为你提供两种固定方式：

- 吊钩：把自行车前轮挂在吊钩上让自行车悬空。
- 滑轮系统：代替吊钩的好选择。

4. 壁挂式，如果室内高度不足且没有车库，可以选择壁挂式，只是不太美观。用吊钩把栅格架固定在墙上，操作原理和上述第3点相同，只是这次把自行车垂直于墙面悬挂。

5. 墙支架，为了节省更多的空间，可以使用墙支架把自行车平行于墙面挂放。

3

4

5

如何在外停放自行车

当屋内没有足够空间，同时又没有车库可以停放自行车时，别无选择，只能考虑把自行车放在室外。下面提供一些可能有用的建议。

注意： 这些建议同样适用于把自行车放在屋内（地下室、车库、花园、庭院、建筑大厅等）的情况，毕竟每两起盗窃案中就有一起是入室盗窃。但要注意，无论怎么做，任何自行车都有被盗的可能！自行车的车龄、外形、保养状态和用途并不是可以避免被盗的因素。

随时锁好自行车： 哪怕只是下车买个东西，也要锁好自行车，小偷总是无处不在的。用防盗锁锁住车后轮，既不耗费时间又能强效防盗。

停在自行车专用停车点： 请勿在市区内随处停放自行车，尽量停在市内的自行车专用停车点。

固定锁车部位： 能肯定的是锁车最好把车架和前轮（前轮比后轮更容易被盗）锁在一起，还要尽可能地把防盗锁挂在距地面一定高度（大约半米）的位置来避免被撬，建议锁眼朝下增加盗窃难度。

配把防盗锁最重要： 最好配两把或两把以上防盗锁，可以有效地防范小偷。更多防盗锁的知识，请参阅本书第73页。最坚固的防盗锁是U形锁，比线绳锁更坚固。此外，尽量不要在自行车上安装各式各样的配件（如车篮、照明灯等），这些配件更容易被盗。

自行车防盗诀窍

自行车防盗最佳方法（特别适用于因没有车库而把自行车停放在外的情况）：两把防盗锁，一把锁住车架和车辆旁边的固定物（如上图所示），另一把锁住车架和任意一个车轮。虽说小偷总有办法撬开各类车锁，但多重保护还是可以在一定程度上让小偷知难而退的。

了解自行车

自行车的结构

自行车是我们日常生活的一部分。很多人自小便学会骑自行车，但除了自行车爱好者外，大部分人对自行车的结构知之甚少。

正如我们在上文了解到的，自行车样式颇多（参阅本书第20页），但不同样式的自行车结构都是类似的，主要由一个车架、两个车轮、一个车把、一个车座和两个脚踏组成。

车 架

自行车车架通常由金属（钢、铝或者钛）或者合成材料（碳）制成。材料和车型（几何原理）的选择将影响自行车的骑行效率、舒适度和车重。

钢质车架

特征： 车架吸震性好，骑起来较舒适。

用途： 旅游和远足、城市出行、购物、通勤、休闲娱乐和计时赛。

维修： 维修简单，采用钢材焊接技术，此技术已在全球范围内发展成熟。

使用寿命： 现在钢材的抗腐蚀技术已经很成熟，在保养良好且无锈蚀的情况下，使用寿命长。

缺点： 车身重，大多数情况下是工艺或是私人定制原因造成的（因为车身大多是针对私人定制的，车身架构和零件可能不符合市场常规标准，会影响转售）。

铝合金车架

特征： 比钢质车架更坚固，质量更轻，更能发挥出自行车的优势和效率。

用途： 城市出行、通勤、休闲骑行、远足、购物。

维修： 采用铝材焊接技术，无固定维修点，可就地维修。

使用寿命： 中长期，吸震性不如钢质车架。

缺点： 使用寿命短，特别是在过度使用后（高级自行车手时常过度使用自行车）。

这些信息和数据仅作参考。如果你想要购买钛合金车架用于上下班通勤或者购买非专业车型用于自行车竞赛（如果没有特殊规定的话），也并无不可。

你会选择钢质车架吗？

近几年来，钢质车架又在青年群体中再次流行起来，如单速自行车爱好者。单速自行车的组装方式特殊，车轮仅有一个固定行驶速度，车轮无法自主转动（车轮转动时将带动脚踏板转动）。相反，它的组装方式也可以确保脚踏板在不被踩踏时不会自主转动。

碳纤维车架

特征：碳纤维是非常细腻的合成材料，强度高，重量轻，可以加工成任意形状。在施力相同的情况下，较其他材质骑行效率更高。

用途：竞赛、计时赛、铁人三项、越野。

维修：易损坏，只能在专业维修点进行维修。

使用寿命：在保养良好且未遭受猛烈撞击的情况下，使用寿命长。

缺点：无法抵抗撞击，不耐高温（不能停放在靠近散热点的地方，如散热器周围）。

钛合金车架

特征：贵金属，强度高，重量轻，经常用于私人高端定制。

用途：自行车运动、竞赛、远足骑行。

维修：采用焊接技术，需要经验极其丰富的维修人员。

使用寿命：正常使用的情况下，使用寿命更长。

优点：寿命长，同时比碳纤维材料更耐撞击。

缺点：价格高昂，二手商家少。

正如文中所说，任何材质的自行车都不是完美无缺的。应该根据自行车用途，并对自身需求和情况进行评估从而进行选择。你完全可以选择自己喜欢的款式和类型，遵从自己的内心！最重要的是：不要选错自行车尺寸，错误的尺寸会让你感到不适，甚至导致身体疼痛或受伤（参阅本书第30页）。

车 座

除车架以外，如果还有需要特别注意的部件，无疑是自行车车座。车座的挑选过程远比我们想的更精细，选择范围大，值得我们在做出决定之前细细斟酌。

该选择什么样的车座，长的还是短的、要不要长鼻、配不配减震器、中间是否要中空等问题都是需要考虑的。但毋庸置疑的一点是，要想在长途骑行过程中避免产生不适感，就不能忽视车座选择的重要性。

为什么会造成臀部不适？

当你坐下时，身体施力于骨盆最底部的骨头，即坐骨。我们可以通过观察右边的图片了解：当车座不够宽时，坐骨将置于车座以外，身体将压迫会阴（位于坐骨之间的软组织），使会阴或腿部有强烈的麻木感，更严重的还会造成该部位的损伤。一旦发现产生麻木感或不适，请务必就医并让专业人员调试自行车。

可以通过测量坐骨间距选择大小与坐骨间距相符的车座来解决这一问题。同一款式的车座，有众多不同品牌，每个品牌一般至少有三种大小尺码可供选择，因此无论男女（男性和女性的适用车座是不同的，大部分女性的骨盆比男性更宽）都可以找到最舒适的座椅。

如何测量坐骨间距？

一些自行车选购书籍针对如何使自行车更贴合人体形态这一问题，为读者提供了完整的人体形态研究报告，推荐了计算

坐骨宽度的合理工具，例如借助高密度记忆枕记录坐骨形状，再通过电子程序显现并计算坐骨间距等。

仅仅测量臀部下方的这一个数据就不简单，需要非常精细的测算。记住一个规律：骨盆窄，那么车座也要窄，反之则车座要宽。人体只有坐骨部位和车座直接接触，在选择车座款式时必须参考坐骨数据。一些自行车商贩会建议你购买一个备用车座，因此你有充足时间来挑选和测试车座。

车座的选择不是一蹴而就的，这需要耐心和时间。

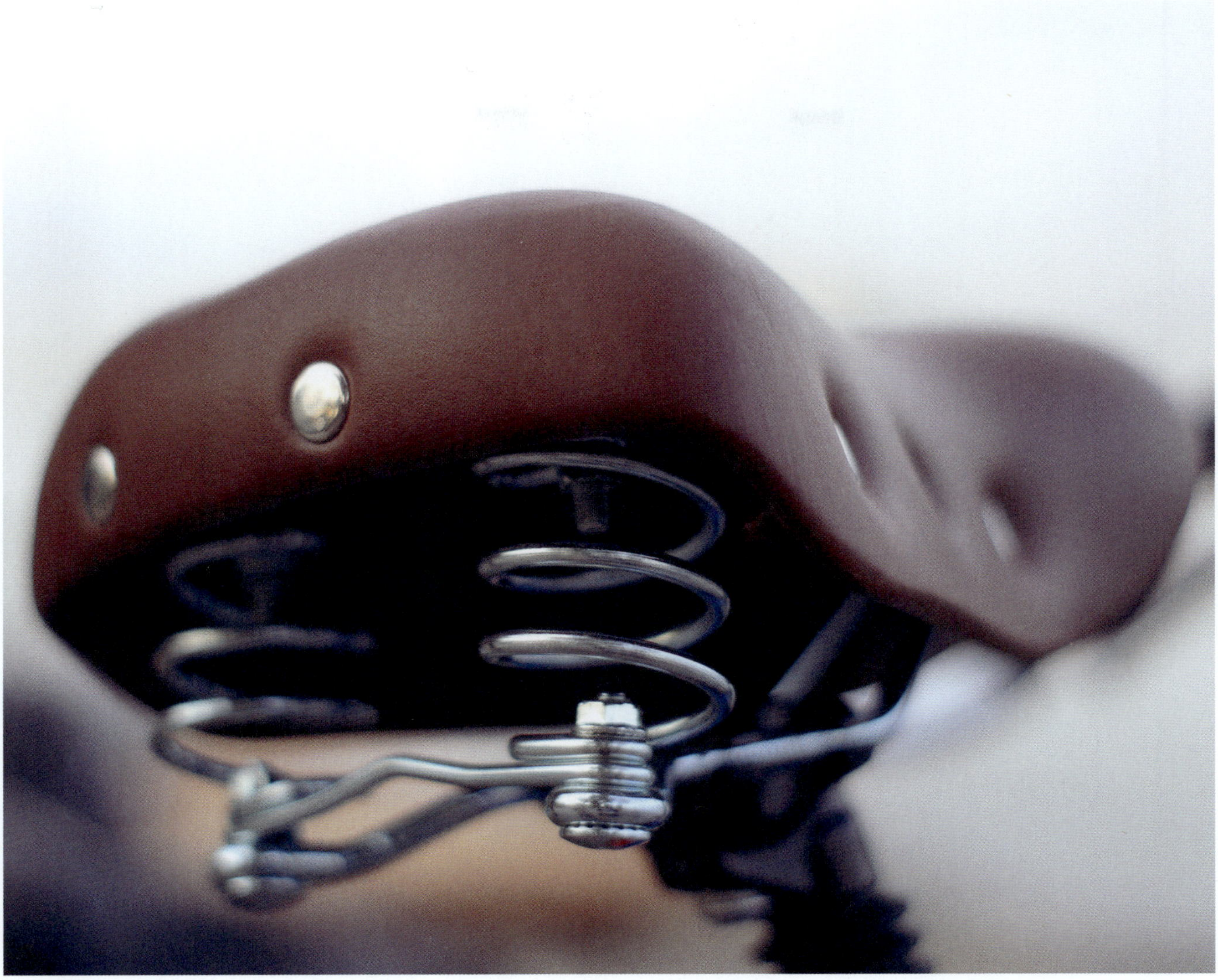

调整车座

车座座包的外形必定会影响座包的调整方式。不管座包外形如何，是扁平、隆起还是镂空，都会对骑行姿势产生重要影响，进而影响骑行舒适感。

通常认为上半身趋于直立地坐在车座上时，车座必须采用前后端完全水平安装的方式，以更符合参考标准。然而在亲身实验过后，会发现这是一条无科学依据的标准，因为跨上自行车时，身体前倾握住车把的同时，骨盆也会倾斜。

上半身完全直立地坐在车座上，会加重身体对会阴的压迫，导致胯间疼痛、腿部麻痹、背部疼痛等问题。为减轻不适感，建议稍稍调低车座前端的高度，低于水平线1厘米以内。以毫米为单位开始调节，尽量每次调整后上车测试，再做下一步调整，多次调整用身体寻找适合自己的骑行角度。每5毫米的调节都会带来更好的舒适感，同时给身体更多时间来适应新的车座高度。微微倾斜的车座能帮助你更平稳地骑行，固定臀部在骑行过程中不滑动，特别是在上坡路段不得不大力蹬脚踏的时候。

车座的选择不是一蹴而就的，这需要耐心和时间，选项如此之多，总有一款适合你。最后不得不再强调一次，好的自行车商家能在选车方面助你一臂之力。

测量车座高度

1. 快速测量。不用借助工具也无须计算。坐在车座上，腿部绷紧打直，如果脚后跟可以放在脚踏板上，那这就是正确的车座高度。虽不能做到完全精准，但可以满足大部分自行车车主的需求。

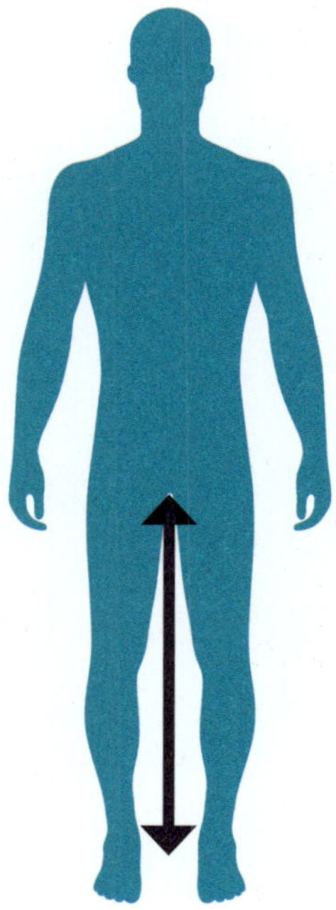

2. 测量胯间高度。可以找朋友帮忙扶着以方便测量，首先脱鞋赤脚背靠墙壁站立，脚后跟紧贴墙面，保持身体直立，然后在两腿之间夹一本书，放的位置越高越好，书的顶端贴着会阴，侧面贴着墙面，借助米尺，测量书顶端距离地面的高度，即胯间高度。最后一步，把测量到的高度乘以0.885。例如：测量高度为90厘米，90厘米×0.885=79.65厘米。

因此车座的理想高度是79.65厘米。一般视脚踏板到车座顶部的直线距离为车座高度，现在按照测量数据调整自行车座管高度即可。

测量出一个合适的车座高度，可以帮你免去不良骑姿导致的身体不适的就医费用。事实上，自行车结构越符合人体工程学，长期骑行的不适感就越低。

脚　踏

脚踏与车座、车把一同被称为自行车三大支点，其作用是为骑行者提供舒适的支撑面，并且依据骑行者的不同需求衍生出多种多样的款式类型。脚踏可分为两大类：平脚踏和自锁脚踏。

平脚踏

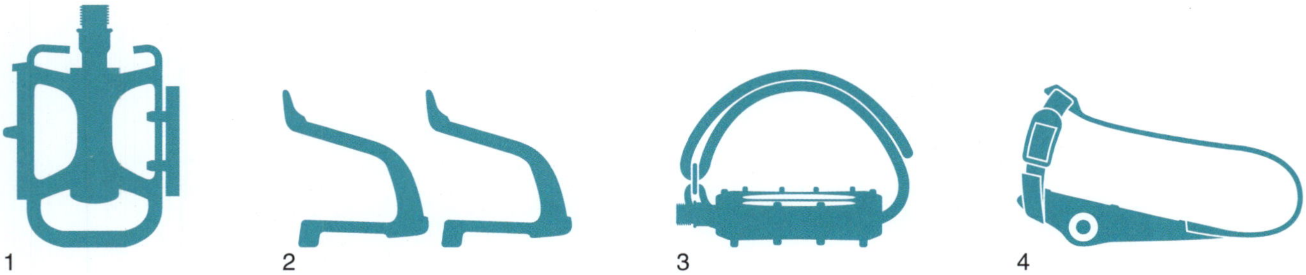

1. 传统脚踏　2. 带脚套的传统脚踏　3. 带脚套的脚踏　4. 其他类型的带脚套的脚踏

自锁脚踏

自锁脚踏的目的在于骑车时把脚和脚踏锁在一起，用脚扣把特殊的锁鞋固定在自行车脚踏上。优点是可保证力量的有效传递，双脚固定在脚踏上，使得蹬车的大部分力量被有效传递到自行车上。这与平踏不同，平踏上双脚完全自由。此外，使用自锁脚踏，力量可同时在双腿向上提和向下踩踏时得到传递，双腿共同协作，最大限度地把力量通过脚踏传至自行车。

自锁脚踏的缺点：第一次使用自锁脚踏时，常会因缺乏经验而在解锁时摔倒（取下锁鞋意味着使用脚部着地刹车）。自锁脚踏表面配有一颗细小的紧固螺钉，是穿脱锁鞋的关键。练习应当从单脚脱鞋开始，自行车停稳后，把脚后跟由内向外转动就可脱下锁鞋，反复多次练习即可。竞赛自行车和山地自行车自锁脚踏的穿脱方式相同。

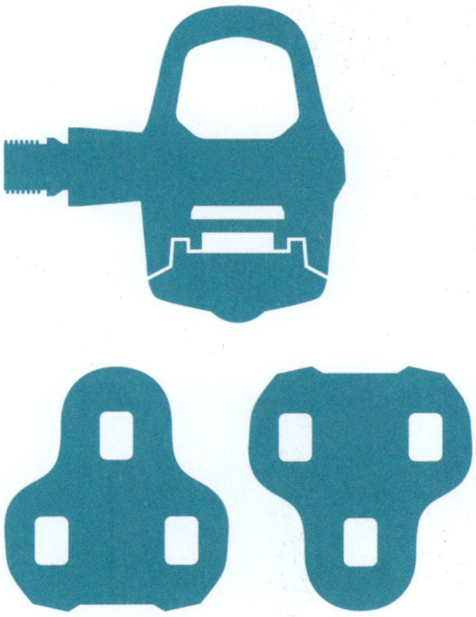

1

1. 竞赛自行车脚踏，大面踏板

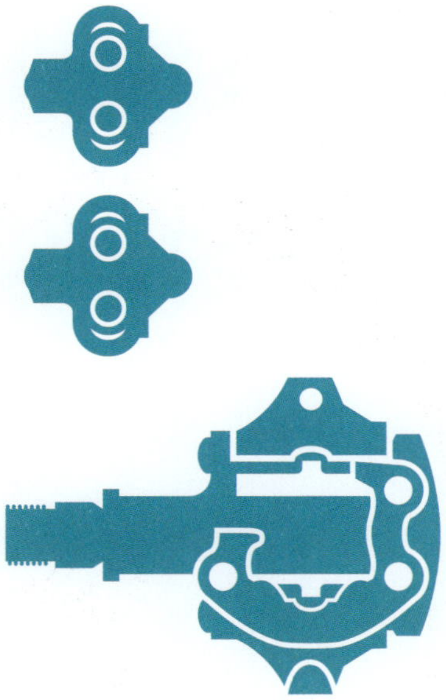

2

2. 山地自行车和旅行用自行车脚踏

竞赛自行车锁脚踏的穿脱过程

如何穿脱锁鞋？

大部分自锁脚踏是把锁鞋的底部卡锁在脚踏上，脱鞋时通过脚后跟由内向外旋转松开鞋底，还可以通过可调节卡扣简化穿脱过程：卡扣越松，锁鞋越容易脱离脚踏。

卡扣锁片嵌在锁鞋鞋底内部，不影响步行走路。

如果用于城市骑行，山地自行车和旅行自行车的自锁脚踏是最好的选择，也无须额外携带另一双骑行鞋。

如何放脚？

无论是普通脚踏还是自锁脚踏，都是将前脚掌放在脚踏上，准确地说是将拇指关节后的部分放在脚踏上。为了更好地理解，可以身体直立，这时双脚前脚掌与地面最贴近部位就是需要和脚踏接触的部位，值得注意的是，膝盖要与这个接触点刚好在一条直线上，这样才能更舒适、更科学地骑行。

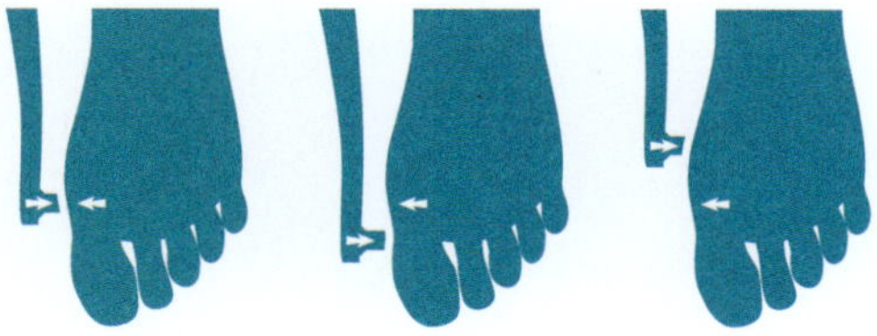

正确　错误　错误

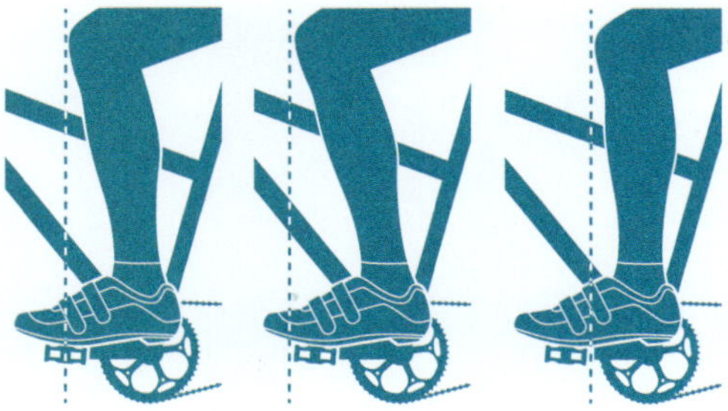

正确　错误　错误

变速系统

自行车变速系统常常被视为自行车最复杂的部分。无法正确分辨前后轮速度往往会导致混乱和失误。自行车变速系统有助于在高度差大的路段和上下坡路段更平稳地骑行。

在售的自行车变速系统：

- 摩擦变速系统
- 定位变速系统（主流在售）
- 内变速（安装在后轮车轴内部的变速器）

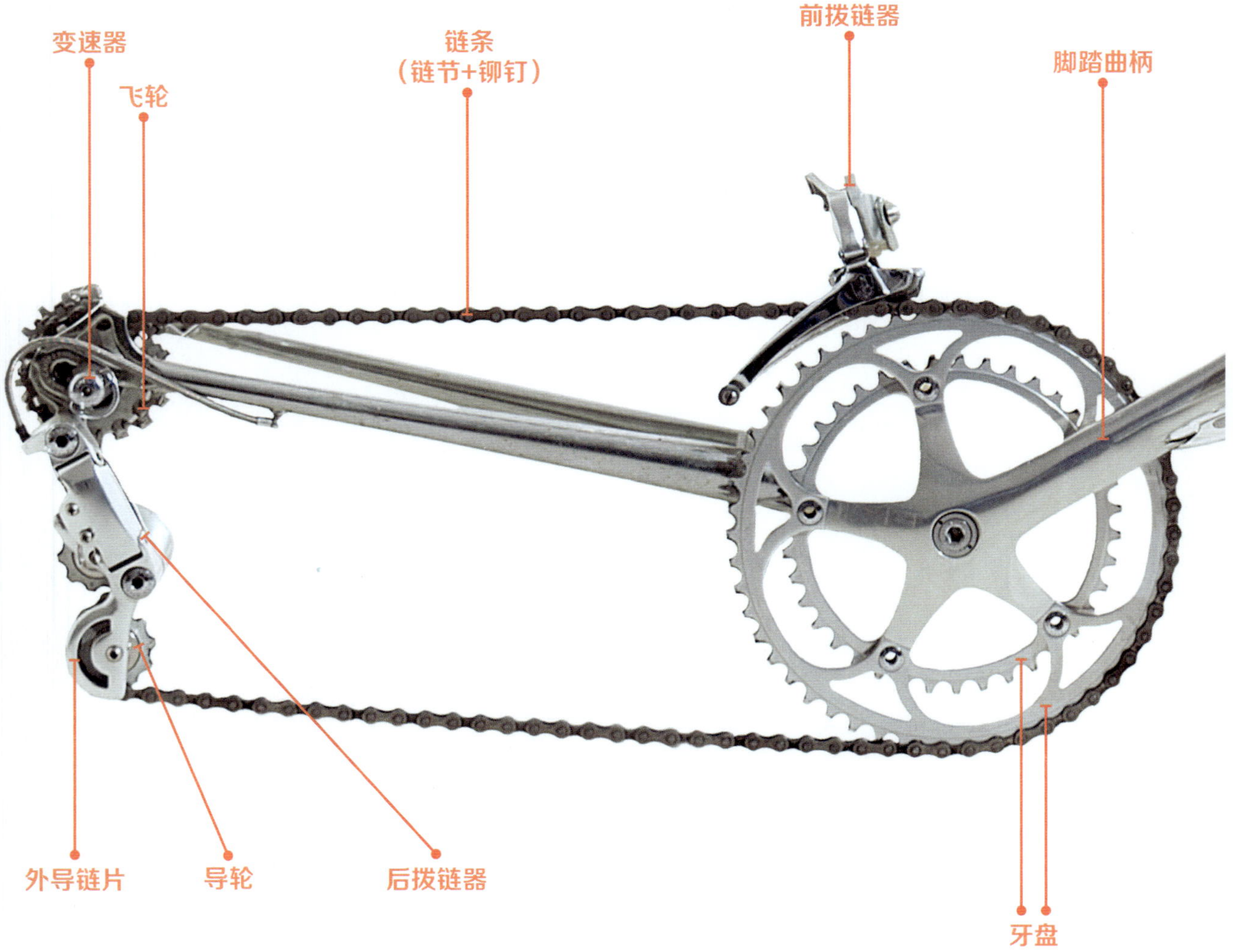

自行车前后传动系统

拨链器

配有拨链器的自行车，利用拨链器固定链条位置：

• 前轮：配有多个大小不同的牙盘（数量2～3个），没有拨链器就无须安装多个牙盘。

• 后轮：配有多个大小不同的飞轮（目前最多可安装12个飞轮）。

牙盘和飞轮数量越多，可供选择的齿比就越多，特别推荐在山地骑行或者使用山地自行车时安装多个飞轮。飞轮是安装在后轮中轴上的边缘呈齿状的碟片。自行车链条卡放在飞轮的轮齿上，链条移动带动后轮转动，与链条接触的飞轮大小决定车辆前行的快慢。

现在只有老式自行车或定制自行车还在使用摩擦变速系统。摩擦变速系统通过车把（弯把）或车架上的控制器，手动控制链条移动到对应的牙盘或飞轮来达到变速目的。这种变速系统操作起来复杂，在骑行过程中只能通过感觉和视觉观察来判断是否正确变速。

而定位变速系统让变速更简单：通过控制变速杆可以清晰地感觉到每个齿盘的槽口，每个槽口代表着不同的速度。拨链器调整好牙盘和飞轮后，变速杆再把链条精准连接至牙盘和飞轮上。一般用变速线连接变速杆和拨链器。

如何更好地控制车速？

首先骑上自行车，保持上半身直立，然后低头观察下方链条（对比右侧图片，链条放置的最佳区域是深蓝色区域）。

• 当链条处在外侧时，表示蹬车难度大（适合平缓或下坡路段），链条连接：大牙盘—小飞轮。

• 当链条处在内侧时，表示蹬车难度小（适合坡道或山路），链条连接：小牙盘—大飞轮。

上述方法是比较传统的。这个方法在使用过程中要避免链条缠绕问题。不能把链条同时连接在最大牙盘（前轮）和最大飞轮（后轮）上，且尽量保持链条拉直不松动，要有条不紊地平衡好前轮和后轮的速度，所有都归结于一个平衡问题。

当链条长时间处于交错状态时，会承受极大的摩擦力，发出让人难以忍受的噪声，对链条、牙盘和飞轮都会造成磨损，甚至增大自行车损坏风险。

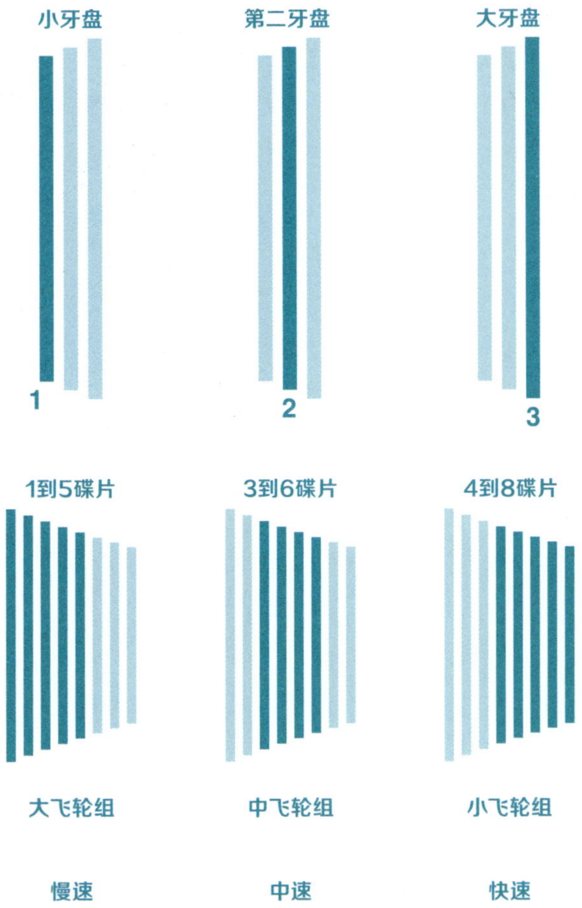

电子变速系统

接下来介绍一款仅通过电力操控且无须连接线的传动系统。通过电推动力向安装在变速系统内的小马达发出变速指令，再由电推动力在车内无线传动。

电子变速系统的电池不仅不会增加自行车自重，还有可能通过取消连接线的方式减轻车辆自重。只一点，别忘了充电！电子变速系统更易于操作和调整，目前已经越来越普及了。

变速器

简化传动系统有两种方法：内置变速器或固定飞轮。前者把变速器内置在后轮轮毂中，就好比汽车内部的半自动变速箱；固定飞轮指固定单一骑行速度，缺点是在上坡路段大力蹬车的话，根本无法上坡。

内置变速器优点颇多，变速器内置在后轮轮毂里，只配一个飞轮，链条脱落风险几乎为零，又因为整个系统是安装在轮毂内部的，所以几乎不需要保养。

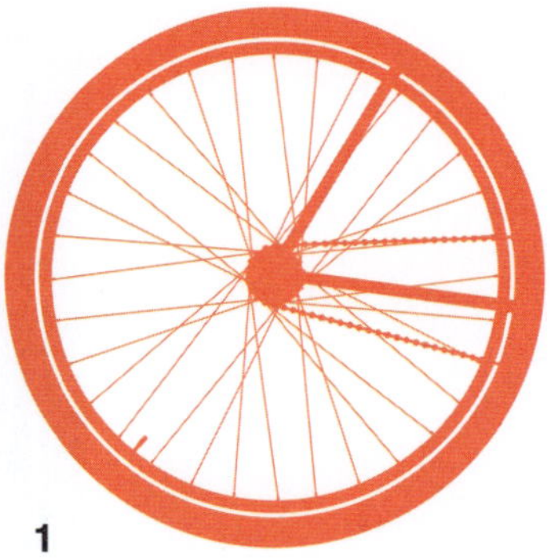

1

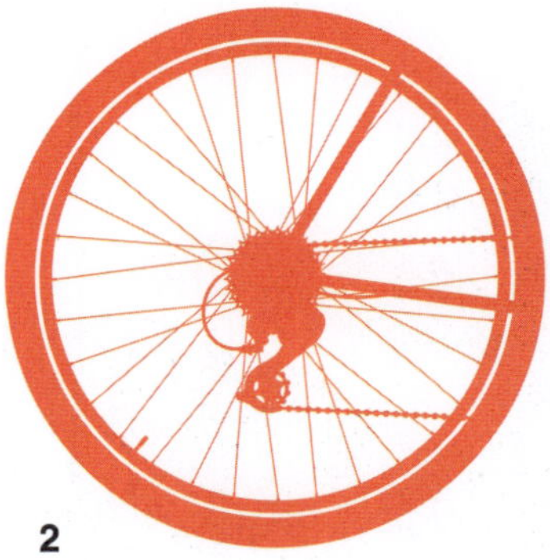

2

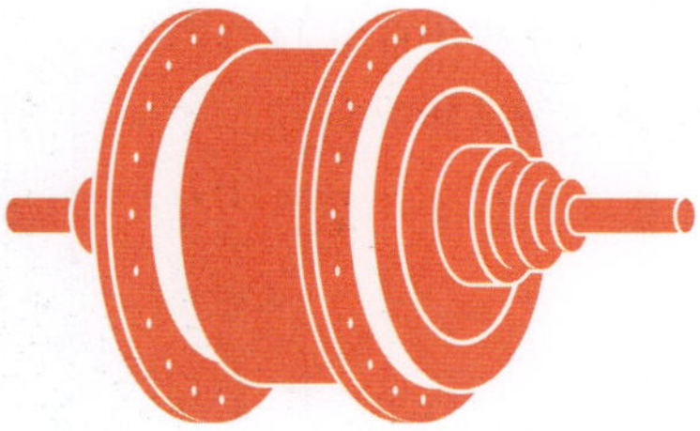

3

1. 内置变速器　2. 带拨链器的内置变速器　3. 轮毂内置变速器

内置变速器的缺点在于尺寸。相较于在飞轮上外置变速器的车轮，内置变速器的车轮拆卸起来更为复杂，必须先拆解变速器的部分机械结构，才能拆卸或更换车轮。

小窍门：传动带

传动带可替代链条，因后者只有线性连接作用。传动带优点很多，如可避免衣物在骑行时粘上链条油渍等。传动带不需要使用润滑油，平常用清水就可以清洗干净。

一般可以在配有内置变速器的自行车或单速自行车上看到传动带。这类传动系统简单耐用，卡链的风险极低。

传动带

剎　车

长久以来，自行车的制动系统并未发生本质变化。尽管我们对其进行不断完善，但它运用的机械原理却始终如一：通过按压自行车把手上的刹车杆，使刹车线绷紧，从而带动固定在轮圈两侧的夹片向中间收紧，降低车轮转速，从而使自行车减速。现在，液压式刹车系统已经可以替代拉线式刹车系统。

圈刹

轮圈式刹车，也称“圈刹”，是目前最普遍也是价格较低的刹车，通过两个刹车块摩擦车圈对自行车进行减速控制。

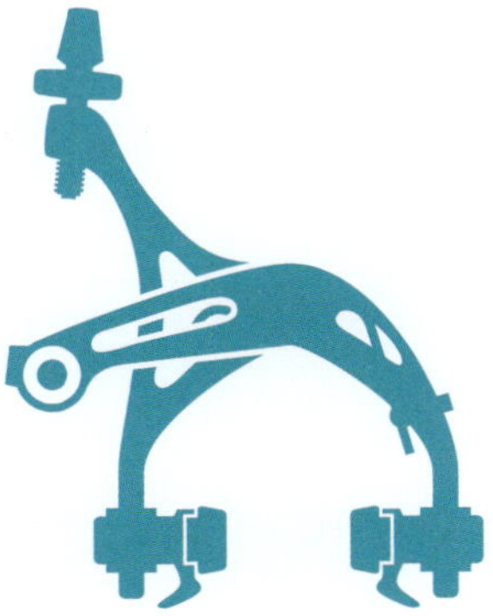

1

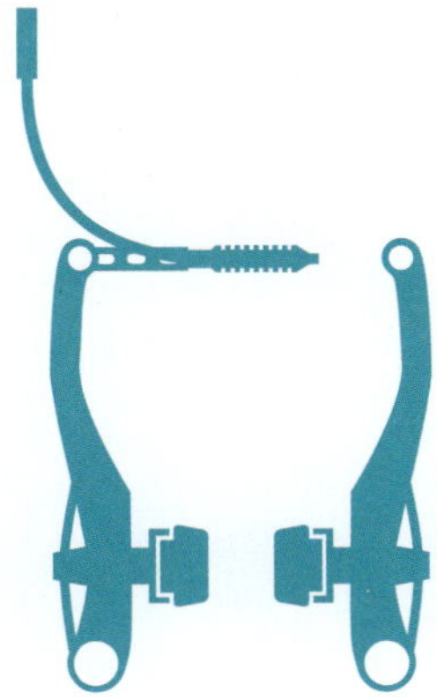

2

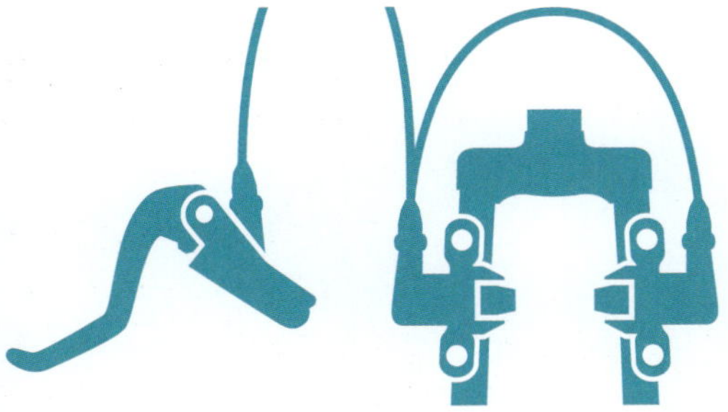

3

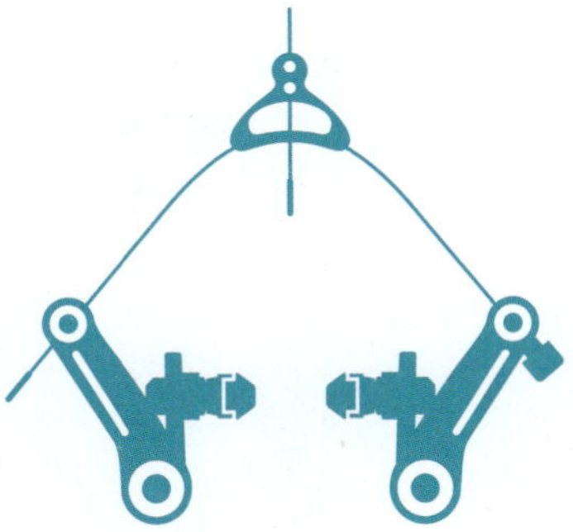

4

1.侧拉式圈刹　2.V夹圈刹　3.液压圈刹　4.悬臂式圈刹

圈刹的优点在于价格低，保养和维修相对简单，但其刹车效果在雨天时会因雨水在轮圈和刹车块间形成水膜而减弱。建议定期进行维护并检查刹车块磨损情况，以确保刹车块与轮圈之间的良好接触。

碟刹

碟刹可通过拉线（机械式）或油压（液压式）的方式实现。和圈刹采用的原理相同，碟刹也是通过刹车块夹紧碟盘来达到刹车目的，可代替圈刹。

1

2

3

1. 机械式碟刹　　2. 液压式碟刹（线拉）
3. 制动片

不管在晴天还是雨天碟刹的刹车效果都非常好。碟刹（特别是液压式碟刹）的主要优点在于刹车效果的线性，这使得其刹车效果与车圈式刹车相比更佳；缺点在于维修保养难度大，特别是液压式碟刹，一旦骑行途中损坏，维修工作非常复杂，甚至无法维修，同时其刹车配件的更换成本也更高。

鼓刹

鼓式刹车一般安装在车轮（轮毂）中轴上或其内部，因其外部保护壳对内部零件的良好保护作用，具有不易损坏且易于维修保养的优点。

安装在车轮上的鼓式刹车

反踏刹车

指仅安装于自行车后轮轴心上的鼓式刹车系统，刹车方式为反向踏车，刹车效果与反向踏车力度成正比，机械原理与传统鼓式刹车完全相同，一般不需要保养。如要保养，建议交由专业人员负责。这类机械结构往往会增加自行车自重，因此我们通常将其安装在采用电助力的城市休闲自行车上。

不要忽略对反踏刹车系统的定期检查，还要保证车轮胎压良好，这样才能有效缩短刹车时的缓冲距离。

安装有反踏刹车的自行车轮

如何刹车？

首先，两手按压刹车杆（前后刹分开作用的自行车除外）。在这里有必要强调一点，我们常说前刹具有危险性，一下对前刹施力过猛会导致前轮抱死，很可能造成骑行者前翻。

刹车的窍门在于把握刹车力道，并把它合理地分摊到前后轮刹车上，建议前刹承力70%、后刹承力30%。刹车时由于惯性，骑行者的大部分重心和自行车重心会前倾，这也是为什么需要按7：3的比例分摊刹车力道。此外，骑行者和自行车重量越大，刹车效果越好，车轮抱死风险就越低。

在长下坡路段，可采用点刹方式以降低刹车系统过热的风险。在弯道路段，必须在进入弯道前刹车减速！如果在过弯时才减速，骑行者将面临因车轮对地面的附着力减小而产生的巨大侧翻风险。

通常情况下，骑行者须学会如何通过控制刹车力道进行合理刹车，并灵活应用。弯道时越早刹车，越能控制车速，侧翻风险就越低。

轮 组

自行车车轮主要由三个部分组成：车圈、外胎、内胎（装在外胎内侧）。除此之外，车轮上还安装了轮毂、辐条、胎垫和气阀。根据骑行者的需求、体形和个人喜好，选择不同尺寸的辐条轮或三刀一体轮等。

车圈

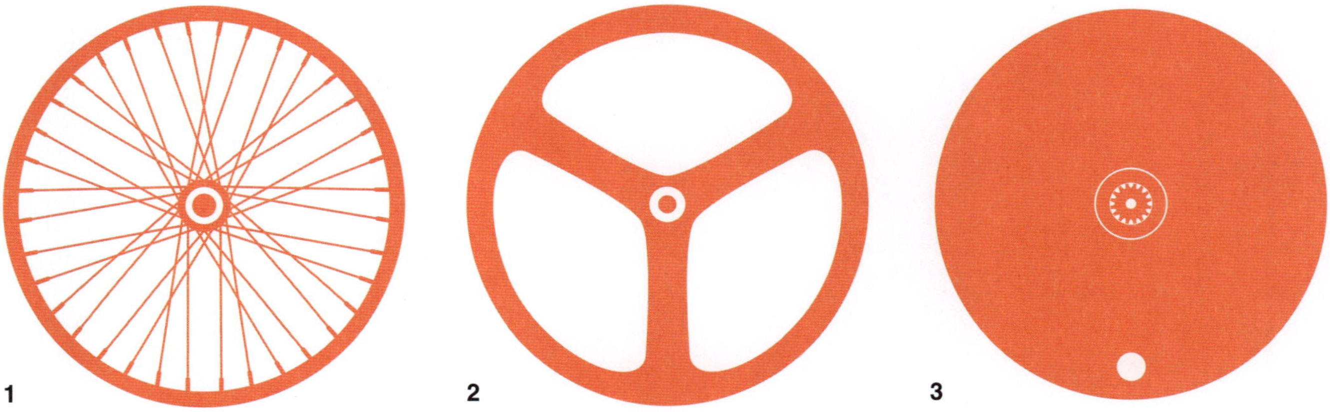

1 2 3

1. 辐条轮　2. 三刀一体轮　3. 封闭轮或透镜轮

辐条轮带有可调节的辐条，通过收紧或松动部分辐条来校正弯曲变形的车轮（参阅本书第94页）。三刀一体轮和封闭轮虽不能通过辐条来调整车轮的紧度，却因其采用空气动力学设计，有效减少了因气流对辐条轮组造成扰流的问题。一些自行车生产商家可以矫正轻度变形的辐条轮，只是操作上难度较大。辐条轮的辐条数量越多，可承受重量越大（对于远距离骑行或负重骑行而言，辐条轮更实用）。

车胎

车胎大致分为三类：钢丝胎、无内胎轮胎和管胎。

1. 钢丝胎的使用频率高，修补方便。内部嵌有气胎，气胎和车圈内侧底部相连（可避免气胎爆裂）。

2. 无内胎轮胎是不含气胎的，通常用于山地自行车。

3. 管胎是全封闭式轮胎，呈管状，内置气胎。管胎采用特殊方式与车圈胶合在一起。

如果长期在市区内骑行，建议选择胎面光滑或胎纹极细腻的轮胎，在骑行时更快更省力。

山地自行车建议安装胎纹深的车胎，在松软地面或石子路面骑行时能更好抓地，这类车胎的直径（或截面）也更大。

1

2

1. 钢丝胎
2. 无内胎轮胎

气嘴

市面上现有3种气嘴，气嘴类型决定了充气筒的类型。因此在购买充气筒之前，务必确认好自行车的气嘴。

第一种是法式气嘴，孔径小，常配置于公路自行车、荷兰式自行车和全路面自行车。

第二种是英式气嘴，多用于荷兰式自行车。

第三种是美式气嘴，多用于山地自行车和汽车轮胎。

1

2

3

1. 法式气嘴　2. 英式气嘴　3. 美式气嘴

车把

车把和自行车架相连，延伸出两个把手，构成T形支架。车把需要调整至与骑行者身高相符且让身体舒适的位置。自行车用途不同，车把型号也随之变化。一般来讲，双手放在车把上的间距大致与肩同宽。

需要了解：

• 山地自行车的车把手间距较大。

• 公路竞赛自行车和荷兰式自行车的理想手间距是与肩同宽。

• 单速自行车的车把手间距非常短。车把的设计取决于单速自行车组件的选择，也有一些不恰当的车把设计让自行车主觉得毫无用处，但任何款式的车把都有其存在的道理。如果车把过长或不够长，肯定会让人感到不适。

中远距离骑行时，可尝试让双手间距保持与肩同宽。当肩宽介于两种车把标准之间时，建议选择稍大的那款，方便随时调整双手的握把位置来适应不同的骑行距离，如此均匀分布在车把不同部位的受力点可有效减轻车把对手腕和颈椎的压迫。

能满足上述要求的车把有公路竞赛自行车车把、蝴蝶把和牛角把。当然还可以在直把两端安装带弯角的副把，达到可选择多种握把姿势的目的。

1. 直把
3. 弯把
5. 蝴蝶把

2. 副把
4. 牛角把
6. 公路竞赛自行车车把

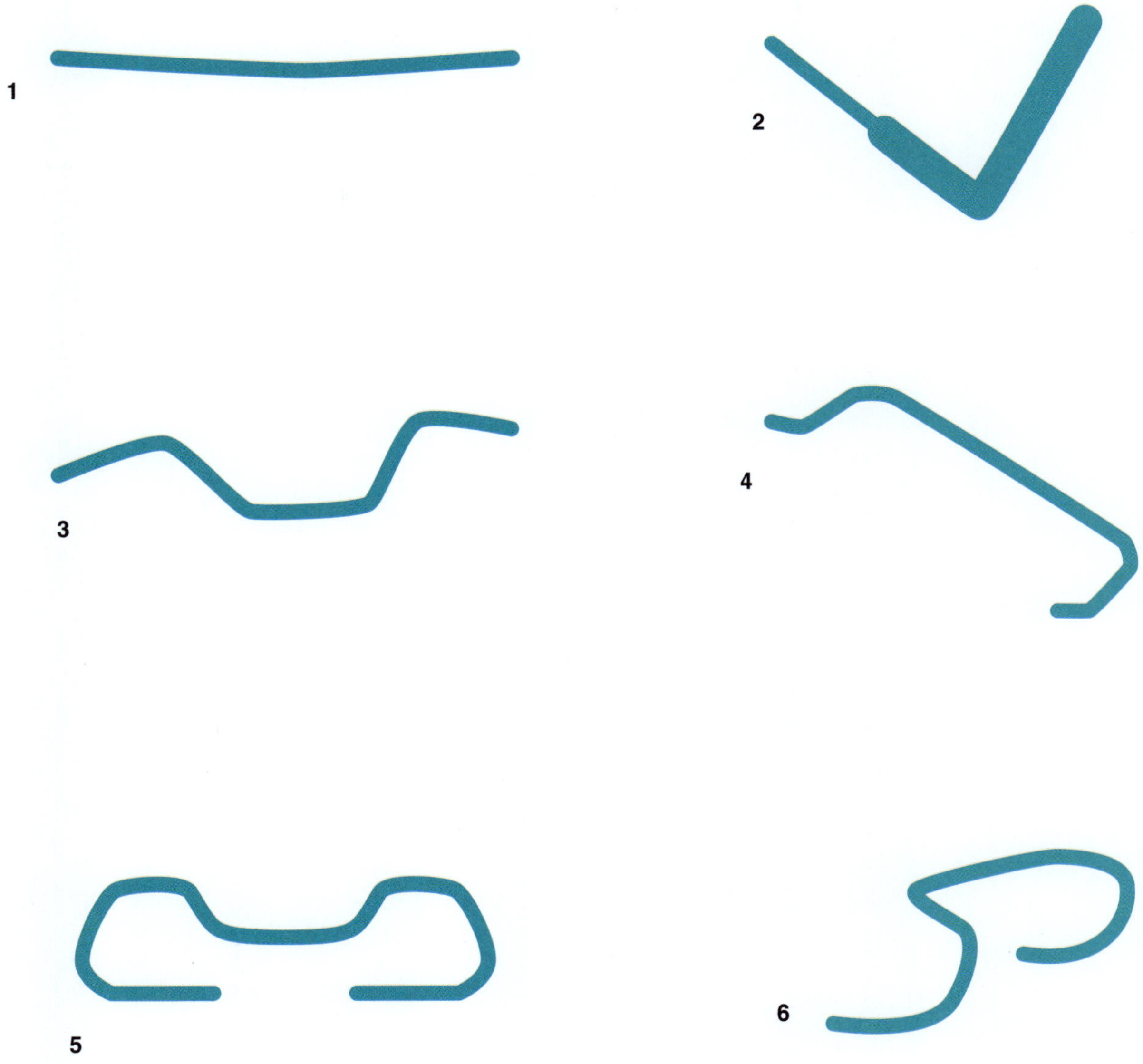

和车座一样，想要选出合适的车把，亲自试用甚至进行几小时的骑行实践，往往比所有理论知识来得更有效，跟着感觉走：身体不会说谎。

自行车装备
和配件

正确选择骑行装备

到这里，恭喜你已经选好且已充分了解了自行车。现在是挑选必须配备的骑行装备和自行车配件的时候，下面将详细介绍。

寻常的城市出行，完全可以按照个人习惯进行服饰穿搭，没有必要穿戴得和参加环法自行车赛的专业赛车手一样。不过，若想要提高骑行舒适度和实用性，最好是根据天气情况调整着装。天气是着装参考的重要标准。

想要更好地应对天气影响从而更充分地享受骑行乐趣，最好减少在恶劣天气的出行次数，若不可避免，则尽量保持衣物干燥，避免因出汗而着凉。放晴后可能不适感会降低，但仍需注意。

刮风

如果微风能让人感到凉爽，那么狂风就是个恶劣的敌人，它会迫使骑行者改变原有的骑行路线。

如果路上只有你一个人，那么只要在规定的自行车道上安静地骑行即可。在一辆机动车旁偏离车道是非常危险的，可以穿着紧身的骑行服来降低身侧的衣物带来的阻力，避免降速过多，以保证不变道。

迎风骑行会大幅度减弱身体特别是手部和脚部对室外温度的感知力，因此冬季里要做好四肢保暖。

三层复合面料的功能

下雨

下雨时，没有什么会比雨披更有用。穿着雨披时要当心猛地吹来的风。可以选择一件带有宽大风帽的衣服罩在安全头盔外面，最重要的是确保头盔能在风帽内灵活转动；还可穿戴薄款护腿加强对下肢的保护；一些品牌还推出了防水和透气系列的专业骑行服，这类上衣的衣袖略长，后襟一般长至臀部。

可以通过在衣物上使用防水喷雾来尽可能地延长衣服的防水时效，这类喷雾还能用于鞋面防水（无论如何都要提前了解产品的使用方法和适用对象）。

低温

具有防风防雨性能的骑行服能帮助人体抵抗低温。三层复合面料（见上图）的骑行夹克是高效保持体温的最佳方法。复合面料可以隔绝每层衣料间的空气，达到有效抵御寒冷的目的。其中接触人体的最里层衣料选用超薄且透气材质，便于人体排汗，在升温时脱掉也方便。

高温

好天气是快乐出游的前提。但要小心紫外线给肌肤带来的伤害，外出前要在紫外线可能会照射到的身体部位涂抹防晒霜，别让晒伤破坏外出的好兴致，并且影响一整天的心情。

出发时请备上饮用水，以防脱水可能引起的抽筋、头晕等症状。

骑行装备

为了帮助你更好地挑选骑行装备，下图展示一些常用的装备。下列装备也许会让你感到拘束，但对健康（免于因此生病）和安全（保护衣物不被搅进车轮）有益。

随身携带小配件

出门时被你遗忘在家的许多小配件往往都能帮上大忙。下面列出了一些小配件，你可以根据实际需求挑选出一些对你有用的。

围脖

质量轻，不占地方，用途多样，用抓绒的绝缘合成纤维制成，能防寒防尘（小微粒尘土、沙子）。

雨披

起到防风防雨的作用，样式很多，部分雨披可以固定在自行车车座，再用松紧带与骑行者大腿或手腕相连，用来抵挡强风。

护臂

非常实用的配件，穿戴轻巧还可抵御寒冷，放在衣物口袋里方便携带。

车把手挡风手套

灵感来源于摩托车，挡风手套选用丝绒材质，保护双手免受低温天气影响。

护腿

穿戴方便，罩在裤装外面，保护整个腿部。

鞋套

起到保温和防水的作用，当然还有另一种形式的脚趾套。

罩裤

保护裤腿不沾染污垢。

反光马甲

专门为自行车骑行设计，不仅可以防风，还可以利用马甲上粘贴的LED反光条让骑行更安全。

反光背包罩布

起到防水和反光标识的作用，便于他人在远处看到你。

反光喷雾

喷在自行车或衣物上，呈透明色，只有在灯光照射时会产生反光，因此在夜间骑行时，也可以被看到。

护目镜

在户外骑行，护目镜是必备品。护目镜具有防反射光、防沙尘及小飞虫的作用，部分护目镜还能根据紫外线强度自动调节镜片颜色，实用性超强。

方巾

微纤维方巾有吸水功能，用它来擦汗是个不错的选择。

备用衣物

没有什么比换上干燥衣物更舒适的了。

裙边夹

为了避免裙子被风扬起，用裙边夹把裙子一侧固定在车座侧方，另一侧固定在车座下方。

LED灯夹

LED灯夹有磁性，体积小，可以发光，能夹在身体任何地

裤子里的硬币

女士们总有奇思妙想来解决穿长裙骑车的问题。仅一个硬币、一根橡皮筋，就可以把连衣裙或半身裙改造成裤装！首先一只手把硬币置于身后，另一只手从前往后穿过两腿间抓住硬币，用前后裙摆包裹住硬币，最后用橡皮筋固定，就大功告成啦！

方，如头盔、夹克、裤子、背包等。夹在衣袖上可在转向时起转向灯的作用。骑行路上佩戴它再合适不过了。

LED腰带

可以让过往车辆和行人在各个角度都能发现骑行者，一般挂在腰带上、斜挂在肩上或缠绕在背包上，也能起到信号灯作用。

自行车扎带

把手机牢牢地固定在自行车把手上，更方便手机导航。

挡泥板

安装简便，避免弄脏背部和臀部衣物。不用的时候可以折叠放在车座下方以保持美观。挡泥板有多种样式和颜色可供选择，还有专门针对前轮的挡泥板。

工具包

一个小小的工具包（请参阅第79页）就能帮你解决爆胎问题（请参阅第90页），如果没有时间现场修补，可以先更换新内胎（具体技术要求请参阅车胎侧边上的说明），操作时可以佩戴塑料手套，保持双手清洁。

工具包体积小巧，可轻松放入手提袋、背包等。

如何选择防盗锁

这里我们所说的选择的防盗锁是复数的形式，世界各个国家每天都会有自行车被盗，你肯定也不想你的爱车遭遇不幸。为了它的完全，请至少准备2把牢固的防盗锁。

以下一些独立检测机构对其所在国制定了专门的防盗锁质量评估等级：

• 法国自行车使用者协会把防盗锁分为两大类：单轮锁和双轮锁（后者安全性能较高）。

• 英国Sold Secure机构按照奖牌顺序对防盗锁质量进行排名：金、银、铜级。

• 荷兰ART基金会推出了自行车质量星级：由一星到五星（星数越高，安全性能越高）。

法国市面上出售的防盗锁一般需要具备以上三个机构中任意一个机构出具的质量检测证书。

我们首先必须清楚知道：防盗锁的目的不是完全避免被盗，而是尽可能地提高被盗难度。只要给小偷足够的时间，任何防盗锁都无法完全抵御“拆锁专家”的破坏。防盗锁的作用在于给车轮上锁，在正确安装的前提下，锁的质量越高，越不容易被盗（请参阅第36页，了解如何安置你的自行车）。

为此，最好给自行车安装2把防盗锁。尽管2把锁的价格会稍高一些，但和重新购买一辆自行车相比，这笔投入就显得不那么昂贵了，不是吗？尽量选择符合以上检测机构质量评估等级的防盗锁，同时一个或多个质量检测报告也是不可忽视的质量保障。

停车落锁时，做好以下后续工作：

- 选一处亮堂且常有行人经过的地方。
- 即使停车时间不长，也尽量锁好自行车。
- 把自行车锁在固定的城市公用设施（如自行车停车点、路障、柱子等）上。
- 锁住自行车架和两个车轮（只锁一个车轮常常很容易被盗）。
- 保护好车座杆：如果车座配有快拆，可以用一把小巧的防盗锁把车座和车架拴在一起，不然只好拆下车座随身携带。
- 确保防盗锁不悬挂放置或拖到地上，不给撬锁工具留下空隙。
- 防盗锁锁心朝下挂放（增加撬或砸的难度）。
- 尽量缩短临时停车的时间。

最好的停车点当然还是家里，不过就算在家里，我们也无法保证总能找到一个好位置来放置自行车（除非有一个车库或专门的停车点），但只要有一点儿创造力和灵感，万事皆有可能（请参阅第34页）。

墙上的“防盗锁”

例如在车库或家中墙壁的上方安装一个自行车固定器，把自行车挂在上面，能防止被盗。

如何选择防盗锁？

挑选时需要注意些什么？首先要了解打开防盗锁最常用的工具是电缆钳、金属锯条和电动磨片机。前两个工具能轻松破坏所有线绳锁、较为细小的链条锁和直径小于16毫米的U形锁；而电动磨片机，只要时间充足，所有防盗锁都不在话下。

专家建议：能够有效防盗的锁扣是直径大于16毫米的U形锁，因为电缆钳能轻易破坏直径小于16毫米的U形锁。两把防盗锁里请至少买一把U形锁，另一把可以选择质量更轻、款式更简单的防盗锁。

再次强调，不存在绝对防盗的防盗锁，最终还是取决于你是否采取多重保护措施并合理安装，以此降低被盗的风险。

1

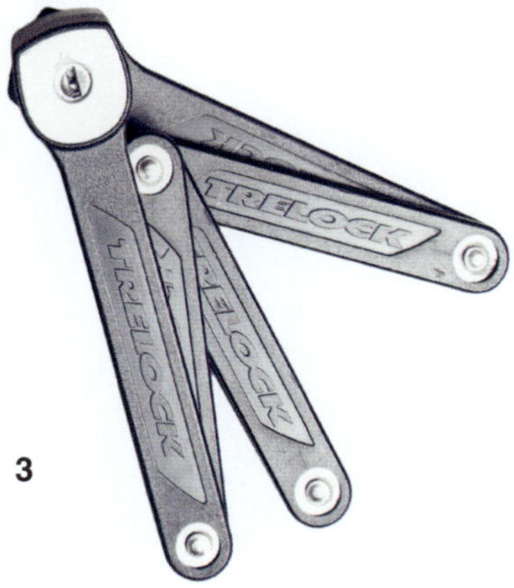

3

2

4

5

1. 密码线绳锁
2. 挂锁线绳锁
3. 折叠锁
4. 挂锁式链条锁
5. U形锁

1. **线绳锁**：轻便灵活，分密码锁和挂锁两类。较细的线绳锁仅可用来锁车座。

2. **折叠锁**：体积小，牢固性佳，轻便小巧，方便收纳。

3. **链条锁**：锁起来方便，重量略重。

4. **U形锁**：重量比链条锁轻，防盗性强，锁扣过程复杂。

自行车修补和保养

56

自行车修补

少有人能全面了解自行车各个组成部分，以至于很多人不知道应该如何处理骑行路上突发的小问题。实际上解决这些小问题仅需几分钟，让每个人都能够修补轮胎、安装链条或检查刹车！

自行车爱好者们要应对生活中的突发事件，最好提前购置好自行车维修和保养必需的各类工具。无论需要更换或修理的部位是哪里（轮胎、链条或刹车等），随身配备一个工具包不仅可以保证自行车良好的功能状态，同时也能保障路上安全。

补胎工具包

爆胎是骑行中最常见的突发事件。如果不想在爆胎后扛着自行车步行回家，那么就要随身携带常用补胎材料与工具，例如补胎片、撬胎棒和补胎胶都是维修包里的常备材料，可以快速、简单地修补车胎。此外，还可以准备一个备用胎和打气筒，以及你可以想到的一切能够应对爆胎的工具。

1

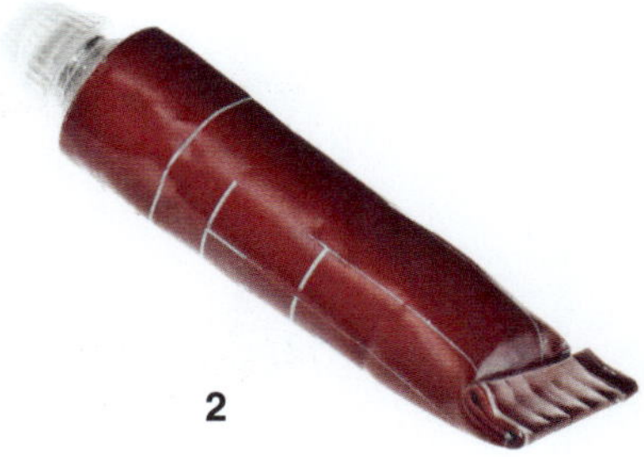

2

3

4

5

1. 补胎片　2. 补胎胶　3. 撬胎棒　4. 内胎/备胎　5. 打气筒（视情况携带）

必须随身携带的工具

骑行途中可不只是会遇到简单的技术问题，所以建议应准备能进行高效、快速修补的工具。首先准备一个能够装带二十几样不同工具的工具包，如内六角扳手、开口扳手、螺丝刀和组合工具。组合工具因其功能多样、外形小巧、便于携带，是小修小补的理想工具。

1

2

3

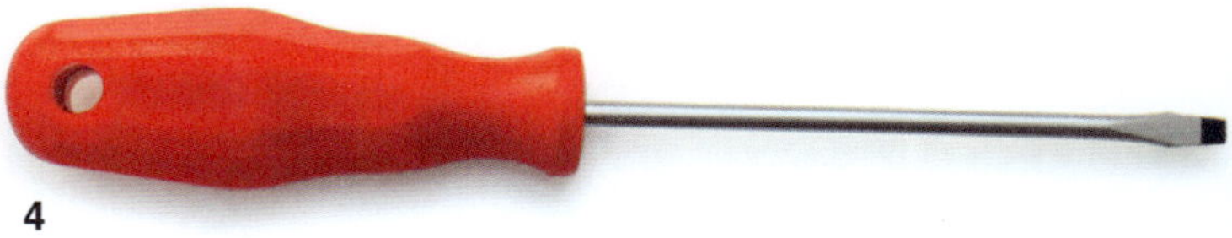

4

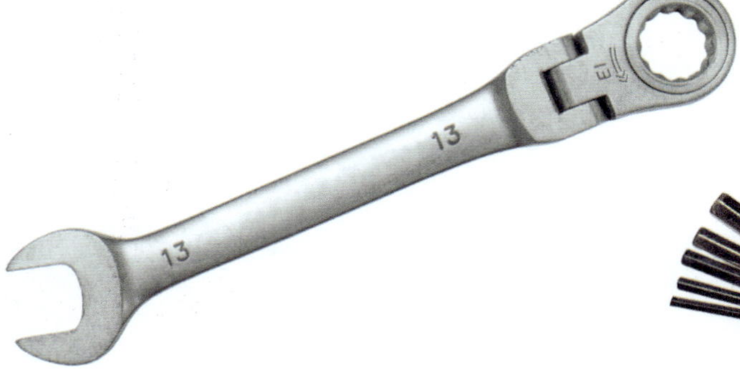

5

6

1. 内六角扳手　2. 尖嘴钳子　3. 开口扳手　4. 螺丝刀　5. 棘轮扳手　6. 组合工具

专业工具

如果你想要定期对自行车进行检查，并学习更多的修理技术，可以考虑入手一些专业工具。链条是一个需要定期检查的部件，准备一个链条卡尺和截链器可以解决链条的突发问题；同样，万用钳可用于检查刹车管和变速器，保障行车安全；而辐条扳手可以帮助拧紧辐条螺母，脚踏扳手可以用来紧固和拆卸脚踏。

1

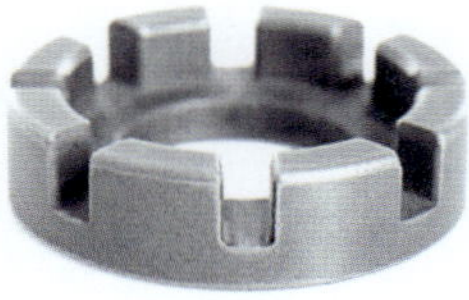

2

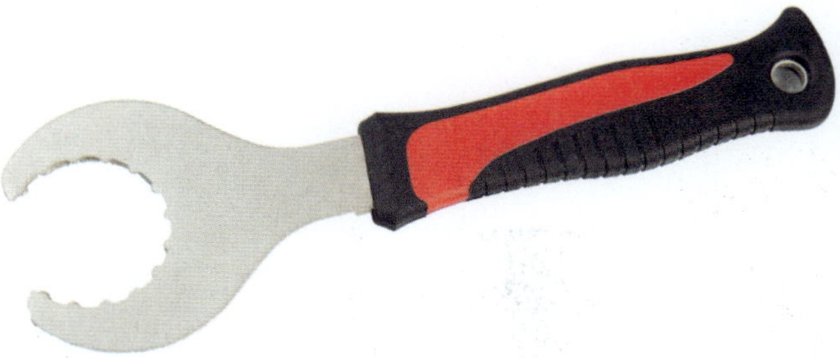

3

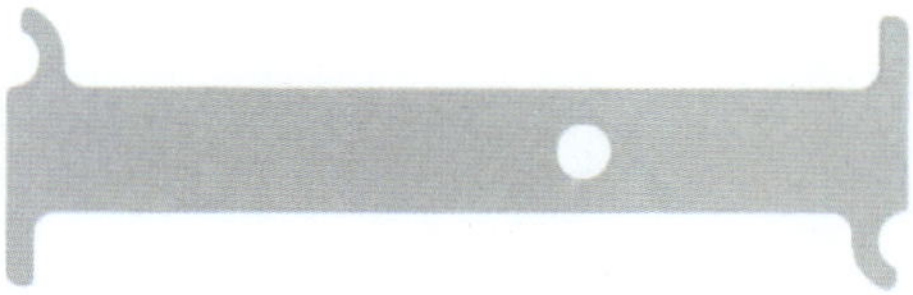

4

5

1. 万用钳　2. 辐条扳手　3. 脚踏扳手　4. 链条卡尺　5. 截链器

自行车保养

无论你的自行车是用于休闲娱乐活动还是专业运动，都必须进行定期保养。

对自行车进行定期保养可以延长它的使用寿命。也就是说各个部件破损风险更低，不用频繁更换零件，也无须过多担心安全问题。建议在每次出发前检查自行车性能，定期仔细清洗。户外骑行越频繁，越需要定期保养自行车。

如何清洗自行车？

材料与工具：水桶、海绵、干抹布，还可能会用到软毛刷、去渍剂和清洁喷雾

耗时：20分钟

和其他物品一样，干净且性能良好的自行车使用起来也更安心和舒适。那么，为了让自行车长时间处于良好的使用状态，定期清洗和保养是必需的。

自行车在使用期间会不断积累污垢，污垢尽管对安全性影响极小，但会损坏车轮部件，一段时间后就会导致自行车性能下降，因而，可根据自行车使用频率和骑行路况进行定期清洗。比如，与长期在扬尘或泥泞道路上行驶的自行车相比，仅在柏油路上穿梭的自行车污垢堆积量较少。如果每天使用自行车，则每周清洗一次；如果一周偶尔使用，则一个月清洗一次。按照实际情况进行清洗，目的在于避免长时间堆积大量污垢。添置以下清洁工具，帮助自行车保持最佳状态。

1

2

3

4

5

1. 水桶　2. 软毛刷　3. 海绵和干抹布　4. 去渍剂　5. 自行车清洁喷雾

尽可能找一处干燥的地方对自行车进行清洗，用支撑物撑住自行车，如没有支撑物，可以把自行车靠墙或倒放。开始前，请先拆掉车轮和所有能够拆开清洗的零部件。而后就万事俱备，清洗工作随时可以开始，只等你动手了！

1. 去污渍。清洗自行车死角，用软毛刷刷洗传动系统的各个零件，主要注意飞轮、牙盘、拨链器和链条。可以通过转动脚踏板全面清洗链条。各个部件清洗完后，再进行全面冲洗以免有遗漏。

2. 接下来清洗车轮，让它恢复往日光彩。清洗完轮胎上的脏东西后，用清洁喷雾或其他清洁类产品进行深度清洗。整个轮组部分都需要仔细刷洗，如飞轮、轮毂、链条、车轮等；所有角落要着重清洗。

3. 最后再冲洗一遍，然后用干抹布擦拭链条、刹车夹和拨链器等传动系统的重要组件，避免因潮湿而锈蚀。

现在，你的自行车正散发着万丈光芒，时刻准备开始新的冒险。

车座清洗

如果海绵不能将车座完全清洗干净，可以用布蘸酒精擦拭，保证有效。

如何给链条上油？

材料与工具：牙刷、链条油

耗时：5分钟

自行车保养的另一个关键步骤：给链条上油。目的是使链条润滑，避免链条和飞轮槽口间的过度摩擦，防止链条受潮生锈。润滑后的链条有助于骑行速度和舒适度的提升。

首先，将链条上的污垢用布擦去。然后，再给链条上油，可借助牙刷做充分润滑：把沾有链条油的牙刷固定在链条下方，转动脚踏板带动链条，保证链条能全部上油，最后再给链条上方和两侧补刷链条油即可。还可以通过调整脚踏板转速来给所有变速组件上油。

但要注意，油不能过多，否则会更加容易吸附污垢，上完油后可以用纸巾吸掉链条表面多余的油。

学习控制油量

根据每年不同时段的天气来调整用油量。比如多雨（潮湿）的时候需要更频繁地补刷润滑油，以防止产生会导致链条损坏的锈蚀。

如何防止爆胎？

材料与工具：防爆轮胎、胎面涂胶

耗时：5分钟

爆胎可谓是骑行过程中最令人不快的经历，不过有很多方法可以降低爆胎的发生概率。

爆胎的解决方案

防爆轮胎通过在车圈表面贴上一条加固橡胶达到防爆目的，但轮胎侧面成了薄弱点，且无法排除气胎被扎破的风险。因此，除了防爆外胎，还可以选择具有防扎刺的防爆内胎。

可以用胎面涂胶加强以上两类防爆胎的安全性。爆胎时，用胎面涂胶堵住裂口，可以保证在不更换气胎或外胎的情况下继续使用自行车，直至到达目的地。

日常车胎养护

要维持稳定的胎压。胎压低会提高气胎撞击车圈的频率，增加爆胎风险，轮胎侧面和压路面也更易被尖锐物刺破。

养成良好的日常使用习惯也能避免爆胎，如每次使用自行车后，仔细检查车胎是否嵌入异物。还要学会灵活调整骑行路线，不要粗暴对待自行车，注意观察途中路况，不要选择不好走的路段，这都是车胎养护的手段。

如何确认刹车使用状态？

材料与工具：无

耗时：2分钟

出于安全考虑，检查刹车使用状态是日常管理中最重要、最需要注意的一环。在市区骑行时，骑行者经常会因为来往的机动车和行人而急刹车，让自己暴露在危险中。

应定期查看刹车块的磨损状态。如果状态良好，则记下每次检查时刹车块的外形特征；如果刹车块已经磨平，必须尽快更换。

在刹车块外形状态良好的情况下，出现刹车困难的问题时，可能是刹车块所处位置不对，要注意调整两个刹车块距车圈的距离，两侧距离须保持相同。同时还要确认车圈是否变形、刹车块是否干净，车圈变形和刹车块不干净也会导致自行车刹车困难。

收紧刹车块

1. 调松刹车杆处的刹车线，保留一定的弹性空间。

2. 随后捏紧刹车杆，让刹车杆处于刹车位置，再重新收紧刹车线。车圈与两侧刹车块之间的理想间距须相同，均为1～2毫米。

如何调整辐条张力？

材料与工具：调圈台、张力计、辐条扳手

耗时：视辐条数量而定，5～20分钟

虽然辐条张力对自行车寿命实际影响不大，但如果想要尽可能延长车轮的使用寿命，就必须维持辐条良好的张力。可按照以下步骤进行调整。

1. 把车轮放在调圈台上，每根辐条端头用条帽固定在车圈上，拧紧条帽使辐条尽量贴合轮毂。

2. 借助调圈台调整车轮轴心至完全居中。完全居中时，可继续拉紧其他辐条；不能居中时，如果车轮向右偏，则拉紧左侧的辐条，松开右侧的辐条，反之同理。

3. 借助张力计测量辐条张力。首先把辐条张力调整到400～600N（牛顿）。如果车轮没有变形，将车毂轴心居中固定（如卡放在木槽中），然后双手放在车圈两侧相同位置，不断移动向中间按压车圈，释放辐条压力，调整辐条和条帽至最佳状态。

4. 加大辐条张力至900～1000N，同时确保车轮没有变形。这一步对于调整和检查用于长途骑行的自行车车轮来说特别重要。要牢记一点，车轮变形可能是辐条张力问题导致的。

通常看来辐条张力对自行车寿命实际影响不大，但如果想要尽可能延长车轮的使用寿命，就必须维持辐条良好的张力。

轮 组

带气胎的自行车车轮的组装和拆卸过程并不复杂，在家里也可以进行。但如果在户外骑车时突然爆胎，维修工作就会变得复杂，因为骑行者必须找到一块没有障碍物、尽量平坦的空地，还要避开往来的机动车辆以保证自己的安全。

拆卸车胎前，请观察并确认有没有因爆胎而断裂或散碎的零部件，如果有，请先仔细地拆除这些零部件。另外，有些维修步骤，如变形车轮的矫正和断裂辐条的更换，是需要更多耐心和集中更多注意力的。

如何从车叉上拆卸车轮？

材料与工具：扳手

耗时：2分钟

学会在车轮爆胎后从车叉上拆卸车轮是自行车手的第一必备技能。但如果车轮没有发生移位或变形是没有必要拆卸的。

前轮

首先倒置自行车，让车座和把手触地；然后捏住刹车夹器，抽出刹车线，使刹车块和车圈分开。之后车轮的拆卸分两种情况：如果车轮用快拆杆固定，用手松开快拆杆即可；如果车轮用螺栓固定，则需要用扳手拆除。最后拿下车轮的同时微微提起车把手。

后轮

后轮的拆卸方法稍微复杂，需要花费较多时间。

后轮中轴上安装有飞轮、后拨链器和链条，拆起来会有一点儿难度。请严格按照以下顺序进行操作：首先通过转动车轮将链条变挡到最小牙盘和最小飞轮上；然后和卸前轮一样，捏住刹车夹器，抽出刹车线，使刹车块和车圈分开，方便卸下车轮；最后取下固定中轴的螺丝，向后拉后拨链器，从中轴上取下车轮。

学会拆卸车轮固然重要，但想要圆满完成维修任务，还必须学会处理气胎爆胎情况。

如何从车轮上拆卸气胎？

材料与工具：两个撬胎棒

耗时：5分钟

上一步已经把车轮拆下来了，现在需要把车胎和车圈分开，以便拆卸气胎。

1. 如果胎内还残留有空气，须通过挤压气阀上方胎体进行排气，然后将外胎两边的胎唇向车圈中心推挤；当外胎与车圈之间出现缝隙时，用撬胎棒插入缝隙。气胎爆胎随时都有可能发生，建议随身配置两根撬胎棒。当然如果撬胎棒不够或在家里维修时，可以用两把勺子代替。

2. 第二步相对简单，注意使用撬胎棒不要刮蹭到车圈，尤其不要撬破内胎，后者可能会造成二次爆胎。首先把第一根撬胎棒插进车圈与外胎的缝隙，沿着车圈滑动一周，回到初始位置保持不动；从另一处插入第二根撬胎棒，也沿着车圈缓慢滑动；在滑动第二根撬胎棒时，外胎胎唇会慢慢和车圈分离；最后从外胎里面拉出内胎。

现在就可以检查内胎，找出爆胎裂口。

如何修补内胎裂口?

材料和设备: 气筒或一个水桶

耗时: 几秒即可

你可以尝试过用手指查找内胎上隐蔽的漏气口。如果车胎上的漏气口特别大，或者你有一个高倍数放大镜，是可以通过肉眼查找漏气口的。不过这里有更简单、更快捷的检查方法。

检查内胎

首先给内胎充气至微微鼓起，接着用手指抚摸内胎感受漏气点，找出漏气口。也有其他方法：把耳朵贴近内胎，在双手转动内胎时仔细听微弱的漏气声；或把脸部靠近内胎，感受漏气口处产生的气流。

浸入水中检查内胎

这是一个必备技能。骑手们很少会在户外骑行时随身携带水桶，如果爆胎的地点离家很远则无法使用此方法；但如果能坚持到家，到家后将充了气的内胎放进水中，慢慢转动内胎，通过观察胎体挤压出的气泡就可轻松找到漏气口。

找到漏气口后用记号笔、便利贴等标记物进行标记，便于后续查找。同时小心地用手检查车圈，找出导致爆胎的异物并小心取出，注意别伤到手指。

最后，用内胎专用的补胎片进行修补。

如何使用补胎片？

材料与工具： 补胎片若干、补胎胶、内胎
耗时： 3分钟

像上文所述，贴补胎片之前，必须事先确定导致爆胎的异物是否已经被清理完毕。当在内胎上发现多个类似的漏气口时，就可以确定内胎被彻底损坏了，这种情况下就没有必要修补内胎了。

每种补胎片的使用方法可能不同，请仔细阅读手中的产品说明书再进行操作。使用胶水补胎片，要事先用砂纸将漏气口及其周围的橡胶打磨出毛茬，保证补胎片和胎体更好粘连。免胶补胎片使用起来更简单，但不如胶水补胎片牢固。下面是不同补胎片的使用用法。

胶水补胎片

把胶水均匀涂抹在爆胎的地方及其周围，并晾干；接着撕掉补胎片的保护薄膜，把补胎片贴在裂口处；用力按压2～3分钟确保补胎片完全粘在车胎上。

免胶补胎片

撕掉补胎片背面的薄膜，直接贴在轮胎裂口上，按压2～3分钟，晾干后再塞进外胎。

如果上述两种都没用

有以下几种情况，说明补胎片已经不能有效地修补轮胎，必须更换内胎：

- 创口太多，或已经修补多次。
- 创口太大。
- 内胎过于老旧，修补后仍会漏气。

接下来按照以下方法更换内胎：在确认外胎没有变形后把内胎塞进外胎；把外胎套回车圈时，慢慢地给内胎打气，注意避开车圈尖锐处；最后把车轮装回车架。

如何把车胎套回车圈并把车轮装回车架？

材料与工具：打气筒

耗时：5～10分钟

毫无疑问，把车胎套回车圈是要求最精细的一个步骤。受爆胎后急切而烦躁的心情影响，我们往往会再次借助撬胎棒或其他工具把车胎套回车圈。尽管可行，但是不建议这样做，因为在操作时，撬胎棒可能会剐蹭到车圈造成新毛刺，最后前功尽弃。我们建议借用双手完成以下步骤：

1. 在车胎侧面查找代表车胎安装方向的箭头；先把车胎一边套在车圈上，给内胎少量充气，确认内胎形状，使其能成为圆形，维持车胎良好形态。

2. 采用上述相同方法套上另一个车胎。将车胎整个套上车圈后，缓慢充气以确保内胎在正确位置；拧紧气阀，把车轮重新装回车架。当后轮爆胎时，要捏紧刹车并绷紧刹车线。

如何矫正车轮？

材料与工具：辐条钳

耗时：视需要调整的辐条数量而定，5～20分钟

合理变形范围内的辐条轮是可以矫正的，但有部分车轮是无法矫正的：需要收紧或放松的辐条已经处于拉紧或放松状态。同时还可能遇到一种特殊情况：外观看似没有变形的车轮，一经拆卸反而变形了。

1. 首先必须确认中轴是否有松动。如果有，在进行后续操作之前，需要两两收紧辐条，并拧紧条帽。

2. 如果从自行车后方仔细观察车轮，会发现部分辐条向右偏，其余向左偏，这时通过拧紧或调松左侧或右侧的辐条，达到矫正车圈或车轮的目的。调整向左偏的辐条时把整个车圈靠左放置，反之同理。这样做的目的是拧紧松掉的辐条和调松过紧的辐条，辐条过紧时车圈会向相应的方向倾斜。逐一检测和调整每根辐条的紧度，让车圈恢复原有的样子。

需调整的辐条数量取决于车圈变形的部位。车圈的变形区域越精确，调整的辐条数量就越少；如果车圈变形严重或辐条破损严重，就要做相应更换。

如何更换损坏的车圈和断掉的辐条？

材料与工具：撬胎棒、辐条扳手

耗时：视辐条和条帽的质量状况而定，10～60分钟

车圈损坏严重时，可以尝试修复，不过在技术上很难操作，往往我们会选择更换车圈，学习如何更换已经严重受损的车圈，可以在节约时间的同时了解更多相关知识。

更换车圈

请提前确认新车圈的大小和辐条数量（一般为32或36根）是否和旧车圈一样，确认无误后就可以开始：卸下外胎、内胎和垫带，拆下所有条帽和辐条后，随即更换车圈。

需要注意辐条的重装顺序。车圈内侧的小孔朝向里侧用于安装辐条的车毂。安装第一根辐条时切勿混淆了孔洞，为降低失误风险，建议先安装车毂最下方的辐条，将其另一端固定在气阀右侧的小孔里；随后安装距离第一根辐条最远的两根辐条。辐条全部固定后调整车轮轴心。

更换一根或多根辐条

理论上，更换前轮的一根辐条不难，更换飞轮对侧的辐条也没有特殊问题，但如要更换飞轮一侧的辐条则必须先拆下飞轮再更换零件，因为飞轮所在的位置会影响辐条的拆卸。

另一个重要事项：辐条的选择。必须确保新车圈大小与旧车圈相同，新辐条的长度和直径与旧辐条一致。

按照直拉式编织法或交叉式编织法组装辐条，换种说法，即轮毂内侧和外侧分别组装，或上下交叉组装；辐条组装完毕后用条帽固定；最后矫正车轮（请参阅本书第94页），因为哪怕一根辐条的破损也会导致车轮变形，同时别忘了参照旧辐条调整新辐条的张力。

仅更换一根辐条的情况

偶尔也会出现只更换一根辐条的情况，可能是因为撞击或摔倒受损，或辐条张力调整不良而导致的辐条断裂。

链　条

磨损的链条需要更换。过于频繁或不合理的变速是造成自行车及其变速系统过早老化的主要原因，建议每次骑行前尽可能地把链条捋直。

如何控制拨链器以免损坏链条？

链条是自行车的重要组成部分，没有它自行车寸步难行。变速杆，也称作换挡器，安装在自行车把手或车架上（这种情况较少），帮助骑手们更轻松、更高效地骑行。与自行车其他构件一样，变速杆的所有功能皆基于一个复杂的机械原理，因此需要仔细操作。

变速杆如何运作?

操作变速杆的时候必须小心精准，以免给变速系统造成损坏。首先第一步就是避免在起步时捏紧变速杆。

变速杆让骑手能够自主决定每踩一次踏板自行车前行的距离。应根据自身的速度需求选择变速杆的挡位。以平地为例，选择挡位越高，骑行速度越快，前进的距离就越长，对腿部力量的需求也更多；相反，挡位越低，骑行速度越慢，越有一种在“沙子”中骑行的感觉，前进困难。

良好的骑行习惯

不良习惯总是最易养成的，必须学习如何有效地变速。首先要知道，不要在挂空挡时用力蹬车，其次要学会根据骑行路面的难度和蹬车力度来控制拨链器。当自行车配有两个变速杆时，一般左右车把手各一个，优先使用左侧变速杆控制前轮牙盘，调节骑行舒适度；然后通过右侧变速杆选择后轮飞轮，以适应蹬车力度。

注意：千万别“搅住”自行车链条！

上述情况通常是链条同时连接最大飞轮和最大牙盘导致的，长期如此将会加速链条、牙盘及飞轮的磨损。还须避免同时使用左右两个变速杆，否则将导致链条卡顿、脱链甚至断裂；随时注意前方骑行路况，以预防突发事件，避免强行换挡，控制好车速（参阅本书第54页）。

如何装回脱链的链条？

材料与工具：抹布

耗时：3分钟

链条脱链的频率比爆胎频率更高，所有的自行车骑手也都经历过，你可以根据下方步骤学会如何快速装回脱链的链条，然后继续上路。

1. 先把自行车倒置，车座和把手触地，方便后续操作。前后拨链器分别位于牙盘和飞轮上，其作用是拨动链条从而带动自行车。捏住变速杆，此时链条将从飞轮上脱落，观察此时链条在拨链器上的位置，把链条放回正确的飞轮上，并确保其与拨链器在一条直线上。

长辈的小妙招

当没有合适的清洁剂来清洗链条时，知道一些长辈的方法是特别有效的。比如可以把链条放到加有柠檬汁的热水中，或直接放在煤油中刷洗。当然使用牙刷搭配洗衣液和白醋等产品的效果也很不错。从此以后，你就是家中清洗链条的小能手。

2. 朝脚踏板方向拉动后拨链器，放松链条。一只手放松链条的同时，另一只手把链条卡放到右侧正确的飞轮上。可以垫上抹布以免弄脏双手。

3. 当飞轮轮齿与链节嵌合后，轻轻转动脚踏板，嵌合的轮齿将带动链条整体装回。链条上的油垢在一定程度上更有利于操作。无论是维修自己的还是同行人的自行车，操作的时候请一定小心仔细，尽量一次成功。

如何拆卸链条？

材料与工具：截链器、链针

耗时：20～25分钟

链条的断裂往往比简单的脱链更棘手，链条一旦断裂就必须更换。但如果你保养正确，一般不会出现断裂的情况；一根状态良好的链条能够轻松满足上万公里的骑行距离。无论如何，学会拆卸链条总是有用的。

1. 把链条调整到最小的飞轮上，将一端从牙盘上取下，放松的链条能让拆卸更简单；用截链器对准链节，确定截链器的螺母对准链节轴心的链销后拧动螺母；逐渐向前推动链针，确保链针对准链销头。链针属于易碎工具，须保证链针放置正确，不要过度拧动，以防折断。注意不要把链销完全顶掉，顶掉后重安难度非常大。

2. 松开链针，分开链条，这一操作一点儿也不简单，可能会重复多次。整个过程要保持耐心，不要用蛮力。一旦链销松动，就意味着拆卸成功了。

如何重装链条？

材料与工具：水泵钳、截链器、链针
耗时：20～25分钟

当成功取下链条后，只需要安装一根新的链条即可。链条的安装也需要仔细和耐心，不过既然我们能拆卸链条，那链条的安装也不在话下。

1. 方便起见，最好事先分辨清楚链条的内外侧，并把链节轴心朝身体方向摆放，然后将截链器放在身体这一侧，另一只手穿过辐条在另一端扶住截链器。

2. 本步骤是将链条缠绕在飞轮和张力轮上。把链条两端连在一起，用水泵钳固定住相连的链节中轴。

3. 用截链器的链针把链销顶进链节轴心，卡到位时会发出“咔嗒”声。最后旋转链销确认链销是否能够在里面正常旋动，如不能，则用截链器再进行调整。

恭喜你此时已经成功更换链条了。

网上搜索视频教程

链条的更换对技术要求较高，可以在网上搜索相关的视频教程，一般搜索关键词“链条的磨损程度检测和更换”。

脚　踏

脚踏的功能非常简单，即为双脚提供稳定的支撑面，衍生出了在使用效果和舒适度上极具多样性的脚踏种类。脚踏乍一眼看似平常，却在动力传导、骑行效率、舒适度和疲乏度等方面起着重要作用。

如何拆卸脚踏？

材料与工具：脚踏扳手

耗时：5分钟

对自行车脚踏的更换受多方因素的影响。首要原因是脚踏的磨损，其中塑料材质的脚踏磨损速度极快，虽然金属材质的脚踏损耗速度往往没那么快，但也会随着表面齿纹的磨平而产生损耗。可以按照个人喜好，如脚踏大小、宽度或颜色，来更换脚踏材质。

1. 拆卸时，选择尺寸合适的扳手，以免在拆卸时扳手滑脱造成曲柄损伤。这里要记住左右脚踏的拆卸方向是不同的。以右脚为例，先把脚踏调整到往前蹬踏的角度，左脚踏固定不动，随后将扳手插至脚踏与曲柄的连接处，按逆时针方向转动扳手。

2. 用相同方法拆卸左脚踏，但扳手须向顺时针方向旋转。

拆卸工具

拆卸脚踏不需要太专业的理论知识，准备一个脚踏扳手即可。借助扳手的长手柄，我们能轻松拆下生锈的脚踏。除脚踏扳手外，也可以使用开口扳手、活动扳手或者内六角扳手。

如何重装脚踏？

材料与工具：脚踏扳手

耗时：5分钟

脚踏的重装和拆卸流程一样简单快捷，操作时间加起来10～15分钟。

和拆卸过程一样，重装时需要注意左右踏板的螺纹方向是不同的。两侧脚踏拆卸方向的不同，导致其安装方向的不同。当右脚踏是顺时针方向组装时，左脚踏就恰恰相反。原因很简单：如果同时逆时针方向拆卸两个脚踏，左脚踏将在蹬车时产生松动。

安装前要仔细区分左右踏板，通常商家会用字母D和G（或R和L分别代表右和左）进行区分，以免混淆。

在脚踏螺栓上喷涂润滑油以便于组装。组装第一步，用手把螺栓拧入螺丝孔，随即用扳手拧紧，因为在螺栓没有垂直放入螺丝孔时，如果直接使用扳手拧动可能会损坏螺栓的螺纹。最后一步，用手检查是否拧紧。

如何拆卸脚踏轴承？

材料与工具：曲柄拉马、曲柄拆卸工具、14毫米和17毫米固定扳手、内六角扳手、链针

耗时：15分钟

及时检查有松动或有异响的脚踏轴承，其中松动有可能是轴承缺少润滑油或油脂过多导致的。

1. 拆卸曲柄。首先用内六角扳手取下曲柄的两颗紧固螺母，后用曲柄拉马和14毫米固定扳手拆卸曲柄；用手紧固曲柄内部有松动的部件；接着用17毫米固定扳手和链针拧紧轴承。这里必须确定松动的部件是否拧紧，否则当踩踏过猛时，可能会导致曲柄断裂。

2. 对另一侧曲柄重复上述操作，这一侧的曲柄和后轮牙盘相连，因此必须先拆下牙盘。需要借助曲柄拆卸工具来拆卸脚踏中轴，注意扳手转动为逆时针方向（驱动侧），无论哪一侧都应朝自行车车头方向转动。首先拆下小塞子（用来保护中轴的塑料盖），再拆中轴。

如何重新安装脚踏轴承？

材料与工具：固定扳手、内六角扳手

耗时：根据熟练程度而定，10～20分钟

重装脚踏轴承的过程较快，比拆卸简单，其步骤与拆卸相反。重装之前，先仔细清理用于脚踏轴承安装的工具和零件，去除表面的油污或污垢。

1. 安装中轴。注意保证中轴位置居中，否则会导致曲柄撞击自行车车架后叉。此外当蹬车力度过大时，可能会造成车身轻微失衡，不过不会让人产生强烈的不适感。要记住脚踏两侧的螺纹方向是相反的。最好先用手拧紧中轴，以免损坏中轴螺纹；当中轴没有正确放置时，请勿使用工具强行拧动；重新对准后再用固定扳手或内六角扳手拧紧。

2. 最难的第一步已经完成。现在把曲柄装回，拧紧紧固螺栓，避免后期松动。重新上路前先仔细确认以下几点：

• 检查变速系统是否正常。一个简单的传动延迟都可能会导致如动力无法传导到前轮之类的问题。

• 保证脚踏中轴在左右两侧皆居中放置。

• 重装后的第一次骑行后，再次紧固曲柄，避免后期松动。

剎 车

尽管刹车样式千变万化，但其根本用途始终如一，那就是让车停下来。因此，刹车必须在经受高频使用后仍具有良好的刹车效果。了解刹车主要组件和维修保养方式对保证刹车效果起着重要的作用。

如何确认刹车块状态？

材料与工具：固定扳手

耗时：10分钟

刹车是骑行路上第一道安全保障，必须定期检查刹车状态。当自行车老化或多次感觉刹车不灵敏时，应对刹车块进行检查并根据以下几点确定是否需要进行更换。

必须更换刹车块的情况

• 捏紧刹车杆时，刹车夹器与车轮之间的距离不足0.5毫米。

• 刹车时刹车块偏离刹车面。如果在拉动刹车线时，连接在刹车夹器的刹车线不动，则可能是套管内刹车线断了。

• 每次检查刹车时，通常要观察两边的刹车块。正常来说，刹车状态下的两个刹车块将分别从车轮两侧摩擦车轮；如果其中一个刹车块无法接触车轮，那么自行车刹车距离将被拉长。这时必须先调松刹车块的紧固螺栓，对刹车块位置进行重新调整，改善刹车效果。如调整后仍无法正常刹车，就必须及时更换刹车块。

如何更换刹车块？

为你提供两种方法：

• 如自行车是大品牌的高档车系，可以直接前往专卖店购买同品牌同型号的刹车块。

• 如自行车是大品牌的平价车系，则换上通用刹车块即可。

首先用扳手拆下固定刹车块的螺栓和垫圈；接着从刹车夹器上取下刹车块，换上新刹车块，仔细放置，以保证其与车圈完全平行。可以微微倾斜刹车块，让刹车块后端表面与车圈接触，以防止刹车时发出噪声。最后对新换上的刹车块进行测试，保证所有组件运转正常后再出发。

如何更换刹车线及其套管？

材料与工具：刹车线或套管、万用钳、克丝钳、润滑油

耗时：10分钟

刹车杆难捏或刹车线突然断掉属于不正常现象，需要检查整条刹车线：从刹车杆或变速把开始，然后查看刹车线套管是否受损。一旦发现异常，须换掉刹车线或套管，或全部更换。

更换刹车线

首先旋松刹车线的锁紧螺母，抽出坏掉的刹车线，不要弄丢刹车线帽；接着换上新刹车线并盖好线帽；预留几厘米刹车线头，剪掉多余的部分。

更换刹车线套管

按照旧套管的长度截取新的。安装时要最大限度地转动车把手，以确保套管不会绷太紧，同时还要保证在变速或刹车时，刹车线能够在套管内自由滑动但又不会摩擦到线帽。除此之外，车头必须能正常转动。

实用建议

如果自行车在刹车时发出令人难以忍受的噪声，那么学会以下方法就能够轻松解决！噪声是由于刹车块与车圈接触角度不佳造成的，可以通过调整刹车块前端的束角来解决，也可以通过打磨刹车块后端来达到相同效果。当然，新刹车块在初次使用时也会发出响声，可以在安装前先用砂纸打磨一下。

如何更换刹车杆？

材料与工具：润滑油（或润滑喷剂、洗洁精、肥皂）、螺丝刀、内六角扳手、钳子

耗时：30分钟

刹车杆的更换主要基于以下两个原因：美观和质量。建议用铝质刹车杆代替过时的塑料刹车杆，后者在频繁使用及强力作用下容易变形，且刹车力度不够，刹车效果不佳。

1. 为方便操作，先摘掉车把上的胶套，针对摘取有困难的胶套，在这里提供多种解决方法。首先用螺丝刀撬起胶套边缘，滴入一滴润滑油或润滑喷剂、洗洁精、肥皂水，随即拆掉胶套；用内六角扳手拧松刹车杆的紧固螺母，注意不要把螺母单独拆下来；取下刹车杆时要避免碰到刹车线套管和变速线。

2. 通过松掉线卡子来拆下刹车杆，抽出刹车杆中固定的刹车线一端，来松开刹车线，再通过拧松刹车夹器处用于固定刹车线的螺母来松掉整根刹车线。然后再调整刹车杆处控制刹车线松紧度的螺母、防松螺母和刹杆套的线口在一条直线上，固定刹车线管套，把刹车线与刹车杆分离，拆下刹车杆。

3. 重新调整控制刹车线松紧度的螺母、防松螺母和刹车杆套的线口；拉住刹车线管，把刹车线固定在新刹车杆上；安装刹车杆和变速杆，以及垫圈和把套；调整刹车杆角度，使之处于手臂中轴线上。转动变速杆，调整至刹车杆套的限位器处后拧紧。最后装回刹车杆上的固定圆球，用钳子夹住刹车线后拧紧线卡子。到这里就大功告成了。

其他的维修工作

在学会修理自行车轮胎、刹车、链条和脚踏后，肯定以为没有什么维修任务能难得住你了。然而，自行车其他部件的维修工作也需要掌握，这些部件在骑行安全和舒适度方面也同样起着重要作用。

如何正确调整转向系统？

材料与工具： 32毫米固定扳手，钳子

耗时： 20分钟

当察觉转向系统有松动或车头转向困难时，又或者仅想更换中轴或车架时，都必须重新调整转向系统。

1. 在确定转向系统有松动的前提下，一只手用固定扳手拧松最上层的螺母，另一只手牢牢扶住车把。若此时调整螺母也跟着转动，则用另一把固定扳手将其固定住。在抗磨垫圈正常运转的情况下，调整螺母是不会自动旋转的，否则说明调整螺母有松动。

2. 根据所遇问题在下方寻找相应的解决方法：

• 如果转向系统过紧，松动调整螺母。

• 相反地，如果转向系统松动，则用手或扳手拧紧调整螺母，但在无法拧动的时候不要强拧。调整螺母过紧会对滚珠碗组产生不良影响，因此一定要多次调整测试螺母的松紧度：每次拧动螺母后，通过多次多方向转动车把来保证车把可以自由转动。最后刹住车轮，晃动自行车，确定转向系统调整完毕。

• 如果调整螺母不起作用，一定是滚珠碗组中的滚珠有丢失，这时必须拆分车架和转向系统进行检查。

3. 调整好后，需要稳定自行车车身。防松螺母在这个步骤起着重要作用。拧紧防松螺母需要两把扳手或钳子，用一把固定调整螺母，用另一把拧紧防松螺母。最后检查螺母是否正确固定，可根据实际情况重复操作，一般不会一次成功，因此一定要有耐心。

如何安装和调整车座？

材料与工具： 无

耗时： 2分钟

由于车座位置对骑行舒适度和骑行效率起着关键的作用，因此车座的调整至关重要，需要本着实用的原则，以下是针对车座高度和倾斜度的调整方法。

高度

车座高度的调整是其中最重要的一环，在很大程度上决定着骑行效率和舒适度，可以通过以下三种方法进行调节。

1. 第一种方法最简单，却不够精确。骑上车后，一只脚脚跟放在脚踏中心处，并把脚踏曲柄蹬至最低，使腿部完全打直，此时臀部位置的高度就是车座高度。但曲柄长度和所穿鞋子会影响结果。

2. 如果想要更精准地调节车座高度，可在朋友的帮助下，采用第二种方法。一只脚放在脚踏上，将曲柄蹬至最低，保持姿势不变，随后调整髋关节垂直于地面，双膝微微弯曲成150°角或与时钟6时05分的时针、分针所成角度大致相同，此时臀部位置的高度就是车座高度。

3. 第三种方法是直接测量胯距地面高度，将得出的高度值乘以一个精确的数值：车座高度（厘米）=（0.885×胯间高度）+（1.11-股骨或胫骨长度）×50。为了确保计算的准确性，请靠墙直立，背部和脚后跟紧靠墙面，测量会阴部与地面间距离，此步骤适用于对科学和数据有要求的骑行者。

倾斜度

车座的倾斜度也影响着骑行的稳定性和舒适感。水平放置的车座适用于所有骑行情况，但一部分人会考虑到舒适度和骑行效果，而选择微调车座前端或后端的倾斜度。这里建议稍调低车座长鼻的高度，减轻车座对会阴部的压迫，同时把身体重量移至车座后端，即骨盆位置。具体可以借助水平仪来调整车座到水平放置，然后把长鼻调低2～3个卡槽。

如何拆卸和安装飞轮组？

材料与工具：链式扳手、飞轮拆卸工具、棘轮扳手
耗时：10分钟

飞轮组的拆卸和重装是所有优秀骑手的必备技能。实际操作起来也相对简单，只要工具齐全即可。飞轮组由多个飞轮碟片组成，安装在自由轮上，因此飞轮组的拆卸即飞轮碟片的拆卸。

1. 用飞轮拆卸工具卡住飞轮盖，逆时针方向旋转，此时会发现飞轮整体也在跟着转动，根本无法拆卸。这是自由轮在起着不可思议的作用（自由轮的功能也如其名），需要使用链式扳手辅助操作。一只手用链式扳手固定自由轮，一只手用飞轮拆卸工具拆下飞轮盖。

2. 一边把链式扳手咬合在飞轮上，限制自由轮的转动，另一边用飞轮拆卸工具逆时针旋拧飞轮盖，此时会感觉到链式扳手被反向施力。拆下飞轮盖后就可以拆飞轮碟片了。

3. 飞轮组的重装顺序和拆卸相反。按照顺序依次排列好飞轮碟片，然后用飞轮盖固定在车轮上。用飞轮拆卸工具和扳手固定并拧紧，以免在每片飞轮之间留下间隙。

安全出行

安全出行基础知识

出于多种原因，骑自行车被认为是一项危险的运动。与汽车不同，自行车没有坚硬的外壳保护，骑行时所占的道路面积远小于其他交通工具，这使得机动车驾驶者很容易忽视骑手的存在。

数据背景

2014年，法国有超过150名自行车骑行者死于交通事故，其中超过一半的事故发生在乡村公路上。同年，大约4100名骑行者因事故受伤，其中约1450名因伤住院，可见事故发生率之高。

虽然以上数据让人心惊，但是让大家意识到骑行风险是非常有必要的。事实上，当我们有潜在危机意识的时候，更易避免和预防事故的发生。下列技巧将有助于我们尽可能地降低骑行中的风险。

做足准备，增加信心

请务必保证自行车的必要安全装置（刹车和照明）都齐全且运转正常。如果有一段时间没有使用自行车，请前往自行车商店，找出售和修理自行车的专业人士做好车辆检查后再使用。

学会在任何情况下控车，规避风险。你可以选择一处没有过往车辆的地方进行练习（比如周末去公园练习），还可以在训练场地中设置一些障碍，锻炼骑行灵敏度。当然如果有骑友的话，可以让骑友在训练过程中向你正面投掷物品（如泡沫球之类的），锻炼你的危险躲避能力和测试自行车紧急制动装置。

与自行车磨合得越好，骑行路上就越有信心。对于儿童来说，自行车更多的是作为一种娱乐方式，许多城市提供了专门针对儿童和年轻人的自行车练习场地，可以在所居住区域附近寻找。

别忘了头盔！

部分国家的法律规定12岁以下儿童骑自行车必须佩戴头盔。但不管法律是否规定，12岁以下还是12岁以上，未成年或是成年，都建议佩戴头盔。还要注意的是，头盔普遍来说是易变形的，因此在经受一次撞击后，无论撞击力度有多大，都必须及时更换。

要戴上头盔是一回事，更要正确佩戴头盔。佩戴头盔时，必须确保头部的任何晃动都不会造成头盔的移位，扣好帽扣，调节带与帽带的交叉点须位于耳下。根据骑行者头型选择合适的头盔，佩戴前请仔细阅读说明书，调整头盔到与头部最为贴合的状态。

有效佩戴

无效佩戴

此外，还可以戴上一双半指或全指手套。手套能在碰撞时保护你的双手，在与地面撞击时起到缓冲作用（部分手套还有防冻功能）。

正确地给轮胎充气！

轮胎是自行车唯一与地面直接接触的部位，因此必须合理地维持稳定的轮胎气压。轮胎气压过低时，将面临爆胎风险；轮胎气压过高时，会降低骑行舒适度。相应地，灵活充气可以帮助自行车平稳驶过凹凸不平的路段，让轮胎成为有效的缓冲器。

车轮外胎侧边通常标注有可承受最大气压值。气压一般有两种计量单位，可以通过打气筒（手动）的气压表或服务站的气压表进行读数：

• PSI，每平方英寸磅压（以平方英寸为单位，英制）。

• bar，法国常用计量单位，与大气压相吻合，计算起来更简单。

1 kg/cm^2 = 0.98 bar

100 kPa = 1 bar

根据骑行的路面路况，调整胎压，提高骑行效率。

平滑路面（柏油路）

满气：达到外胎侧边标注的最大气压值。

检测方法：用拇指和食指按压轮胎顶部，轮胎无凹陷。

石子路面（山林路）

灵活充气：在最大气压值的基础上，降低约0.5bar。

检测方法：用拇指和食指按压轮胎顶部，轮胎微凹陷（仅微凹陷）。

保持警惕，万无一失

骑行时不仅要眼观六路耳听八方，还要保证自己能够被他人所察所闻。因此，为了保护自身和他人的安全，保持警惕性和责任心成为自行车运动保持愉悦性的关键。

观察

时刻都需仔细观察周围行驶车辆和过路行人，确保有宽阔的视野，应避免佩戴软框眼镜，如无必要也不要佩戴风帽等，所有的小配饰都可能缩小骑行者的视线范围。尽量让视野越远越好，至少远过与自行车平行的车辆。

试着观察周围车辆和行人的移动，以便预测骑行动向（比如选择另一条骑行线路或提前刹车等）。你可以在等待红绿灯时进行观察周围的练习。

注意转弯车辆是否有打转向灯，变道车辆是否有明确提示，而你又是否与前方车辆保持足够的安全距离，确保不会撞到前方急刹的小轿车，观察是否有正在横穿马路的行人等，对周围事物的观察和分析能帮助你及时对突发事件做出反应，保证你和他人的生命安全。

被他人所察

交通法规中关于自行车配备反光装备的强制规定如下：

- 反光背心（或发光腰带、发光背带）。
- 车前，安装黄色或白色照明灯，配以白色反光镜。
- 车后，安装红色照明灯和同色反光镜。
- 车两侧，安装橙色反光镜。

自行车城市晴雨表

2017年，法国自行车使用者协会（参阅本书第188页）发布了一篇调查报告，报告调查了自行车使用者们对法国各大城市在自行车骑行安全性、舒适度和规定行驶场所（车行道、停车场等）方面所施行的各项规章制度的看法。这份自行车城市晴雨表效果显著：斯特拉斯堡、格勒诺布尔和南特依次是自行车运动最活跃的城市。在自行车不那么普及的城市中，马赛的自行车运动最活跃，而整个南方地区的气候都是不利于自行车运动的。

你知道吗？

你知道荷兰式开门法吗？这是一种非常简单的开门方式，用驾驶员的反手打开就近车门，强迫驾驶员转动上半身，让驾驶员在开门前更好地看到后视镜并观察路况，避免在自行车骑行者进入驾驶员视线盲区时打开车门（视线盲区是自行车驶过停靠车辆时最大的危险，特别是当车门突然打开时危险最大）。这个灵活简单的开门法有效地减少了突然开车门造成的事故数量。

强制要求佩戴和建议佩戴的装备

尽管没有强制要求，仍强烈建议每个人在骑行时都佩戴安全头盔。现行法律法规未强制要求自行车安装安全距离提示牌和车轮反光片，尽管这两者很有必要。当你带孩子一起户外骑行时，必须把儿童放在自行车安装的儿童座上。最后建议在自行车把手上安装一个后视镜。

视线盲区

视线盲区是自行车骑行者所要面临的最大危险。自行车和行人常要面对的问题，主要是在途经路边停靠车辆时，机动车车门突然打开。据不完全统计，40%的自行车事故原因是自行车位于机动车辆的视线盲区。经过载重车时需要格外当心，因为载重车的体量更大、驾驶室位置更高，视线盲区也更广。

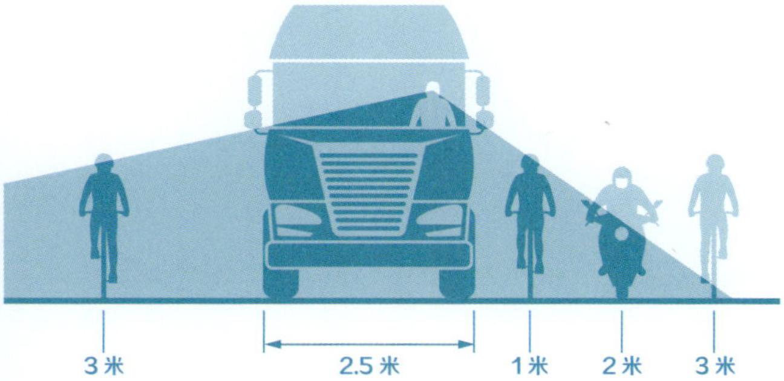

如何在视线盲区做好自我保护？

首先，尽可能不要进入视线盲区。听起来很简单，可大多情况都是你处在视线盲区却不自知。

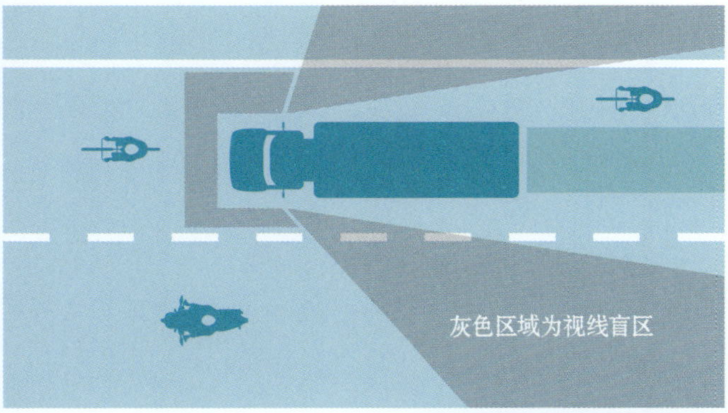

有的城市在车行道上会有自行车先行区域（ZAC），该区域位于交叉路口红绿灯处的机动车道停车线前方，专门供自行车停车等待。如果没有该区域，则要在自行车道上骑行。

当没有自行车道或自行车先行区域时：

- 请与机动车辆和行人保持距离。
- 让他人能及时发现你的位置。离开前用手势或轻扣车窗的方式提示周围车辆，总之要用别人无法忽视的方式进行信息传递。

听

为保证骑行安全，请注意观察周围情况，不要忽视任何感官感受，特别是听觉。

你是否偏好在骑车时听音乐？又是否知道各类耳机（头戴式耳机、听筒式耳机等）会将你与外部环境隔绝开来，增加交通事故风险？据道路交通安全部门数据统计，骑行时听音乐，会致使骑行者在事故时的反应时间延长70%，大脑实际捕捉信息量降至正常情况下的50%。而且，一旦警方介入，会让你更加麻烦。

被周围人所闻

骑行路上遇到交通事故时，大声提示将要经过的行人，也可以通过按动自行车车铃起警示作用（车铃声的传播范围约40米）。

自行车可以安装两种警示装置：车铃和喇叭。不同的警示装置都提供了多种款式、颜色供人选择，你只需选出最钟爱的那一款。

正确骑行

以下几条建议将帮助你安全骑行，以免招致公共交通道路（参阅本书第130页）上其他驾驶员和行人的不满和呵斥。

- 不管在城市还是乡村，自行车都实行右侧通行。骑行时你很有可能会被并行或超车。应与人行道和路边停靠车辆保持1米安全距离，保证骑行视野，以免撞到突然打开的车门。
- 转向时打开并摆动手臂起示意作用。在车把手两端安装转向指示灯，能让周围车辆更清楚地知晓你的动向，这时哪怕光线昏暗，他人也可以了解你骑车的动向。
- 在自行车道或自行车带内行驶。自行车道分为两类：建议行驶车道（方形图）和指定行驶车道（圆形图）。

- 正确分辨交通标识，学习并遵守交通规则。在遇到同方向行驶机动车恶意中伤时，能据理力争、晓之以理。总有机动车驾驶员认为他在任何时候都享有优先权，甚至认为自行车不能和他使用同一车道。
- 可以在允许反向骑行且标有限速30km/h的道路行驶。
- 保持行车礼貌。骑自行车不代表可以无视交通规则，应该文明礼让机动车辆，允许他人超车。

自行车反向骑行标识

标识牌位于单行道路口处

自行车在所有车道均可通行

标识牌位于交叉路口处

除自行车外禁止通行

标识牌位于自行车道入口处

骑无止境

居住位置和骑行喜好一同决定着你要面临的不同骑行问题和需要做的不同骑行准备，但与此同时，根据不同的路途配备合适的服饰和装备，才能保证骑行者的安全和舒适度。

乡村骑行

在乡村公路和小路上骑行是一件让人愉悦的事，这里的车更少，空气更加清新。尽管如此，还是要预料到相对市中心来说更大的骑行难度，例如城市沿途有各式各样的食物补给点和充足的照明，而这些在乡村并不是随处可见的。

始终要牢记的第一条准则就是注意安全。除了必须佩戴头盔外，还请穿上反光背心，特别是在夜间出发（或返程）时，要直至太阳光线充足到能保证安全骑行的情况下才能脱掉，当然具体可以根据自身需求进行调整；确保自行车上所有照明设备都齐全；天气多变时，可以带上风衣。

考虑到两个村镇之间的距离往往较远，骑行路上要注意补水和进食。当户外骑行距离在50～60千米时，随身携带适量的水和食物可以防止身体脱水和饥饿；天气炎热或路程更远时，可以多带一些水，并且按照个人喜好在水中添加食盐或糖。最好随时在嘴里含一些食物，这样可以避免感到饥饿。

务必带上修理工具和手机，这两样东西在遇到意外时将大有帮助。

小心危险！

自行车骑行最主要的危险是汽车。乡村和城里的情况相同。唯一的区别就在于两者机动车限速不同。乡村道路上相应的自行车道更少，机动车驾驶员驾驶时可能也没有那么谨慎。听从以下建议，避免陷入危险：

- 尽量靠右骑行，结伴出行时避免在车道上并行。
- 和机动车并行时，请与机动车保持1.5米安全距离。遵守交通规则，在转向时用手臂提示他人。
- 尽量不要在车流量大的省级主干道上骑行，建议选择过路车辆较少的乡村小路，更利于骑行且危险系数低。

乡村大多路况不佳，多注意路上的坑洼地。跨过壶穴区域时，把臀部抬离座椅，避免给后轮造成过大压力。下雨时路滑，在平缓路段骑行也要保持谨慎。

自行车骑行路线

许多城市都有自行车专用路线。数千公里的自行车道和绿道让你可以绝对安全地漫游在美丽的城市中心。你可以在一些网站上找到所有适合你的骑行路线。

不光机动车驾驶员们经常错误地忽视周围行驶的自行车，许多自行车骑行者危险骑行的趋势也愈演愈烈，特别是在市中心区域。

近几年，法国许多大城市本着保护自行车骑行者安全的原则，大力修建自行车专用车道。越来越多的人选择自行车作为上下班通勤、城市休闲漫步或工作（例如送货）的交通工具，其中大多数人使用由市政府提供的自行车用于休闲运动。但使用人数的倍增也提高了骑行的危险性。

面对居高不下的事故数量，我们首先要了解什么是危险骑行动作，才能避免对生命健康造成威胁。

面对机动车辆时也要有责任感

市内骑行最关键的是遵守交通规则，要始终记住：骑自行车是极易受伤的。面对一辆重量高达1吨的车（车型不限）时，记得提醒自己注意安全，对于它来说自行车轻如鸿毛。为了安全起见，请仔细阅读以下建议：

• 尽管没有过往行人，也不要闯红灯。

• 不要在人行道上骑行，这比在车行道更危险。

• 不要逆行，绕行并不会大幅增加路程，特别是在市中心。

• 临时变道或转向前，一定要用手臂提前示意他人。

• 到达十字路口或交叉路口时，先靠路边停车，再观察路口各红绿灯的交互规律、优先行驶车道车况和交通状况，最后在车流中选择一条最有利的通行路线。

• 交通拥堵时，请控制好骑行速度，因为此时机动车、自行车和行人之间事故风险率会提高。

• 如在骑行时听音乐，请把音量调至能清楚分辨周围行驶车辆声音的大小。在车行道上骑行时打电话是极危险的，这会分散骑手的注意力，致使其无法听

到外界的警示声（刹车声、喇叭声和喊叫声）。当处于过于喧闹或过于安静的环境中时，要及时用车铃提醒其他行人或车辆你的存在。

其他骑手

骑车时不能争强好胜，几种礼貌方式帮助你更明智地与其他骑手共同骑行。

• 不要因为前方自行车车速过慢就贸然超车，也不要在红灯时超过并停到它们的前方。

• 不要在骑行时相互交谈。

• 不要在自行车道上逆向行驶，以免和相向车辆碰撞发生危险。

• 两人或多人同行时不要并排，保持前后顺序，尽管这个队形不方便交谈。同时还须注意在其他车道与你并行的自行车。

• 不要随便停放自行车，特别是不要在人行道和自行车有可能会被撞倒或阻塞交通的地方停车。

睁大双眼!

遵守以下规则和建议，关注你和他人的安全。

• 靠右通行，与左侧车辆保持一个车门的安全距离。

• 当心路边停靠的车辆，车门突然打开时可以用力敲击车门以提醒司机。否则你可能会被打开的车门撞倒在车道上，这时一旦后方有车辆驶来，后果将不堪设想。

• 当被卡在右侧车道内或没有骑行空间时，注意寻找周围停放车辆之间的空隙，减速慢行并利用车铃提示车内驾驶员。

• 加倍注意并行车辆，有规律地按响车铃进行提示。当并行车辆有乘客准备下车且你无法避开时，用右手按向车门，不要犹豫，立即推回即将打开的车门。

• 交通拥堵时，自行车不像汽车一样寸步难行，因此没有必要想方设法地在车群里穿梭。当车流重新提速前进时，你很有可能会被困在车流中无法转向或掉头。一旦察觉到危险时请及时停车，耐心解决问题；需要直行时，要注意右转车辆，如果对方缺乏耐心，你极有可能会被正在转向的车尾伤到。

• 记住绝对不要与公交车或卡车并行，这类车的视线盲区较大（参阅本书第123页）。一般来说，也不要在载重车旁边骑行，最好在车后方与其保持一定距离。注意观察前方卡车后备厢门没有关好的车辆，可能是司机在慌张卸货后忘了关好门，这类车辆一旦转弯或掉转方向，甩开的车门极有可能伤到你。

饮食与饮水

饮　食

进食的时候，我们常常会忘记品尝食物的味道，总是狼吞虎咽地“填饱肚子”。实际上我们应该享受美食。

表观遗传学

表观遗传学是什么？表观遗传学指因饮食、身体运动、生活规律（压力和睡眠控制）、生活满意指数和幸福指数及社会环境引起的基因（DNA）表达中的多种变化。

我们的身体和精神状况因每日饮食的不同而变化。自行车运动的饮食搭配不光改善着自己也影响着他人。如果你和朋友一起进行自行车运动，可以参考以下建议。

曾有教授在讲座中以蜜蜂幼虫的成长为例（所有幼虫各方面基因遗传信息都相同），证实如果用蜂王浆喂养幼虫，幼虫将成长为蜂后；而如果用蜂蜜和花粉喂养幼虫，则幼虫成长为工蜂。

由此可知，我们日常摄入的多种多样食物都关系到我们的身体。细心挑选的食物将带来百倍的回馈！

营养金字塔

你的饮食是否均衡且多样？是否清楚自己缺少什么营养摄入？如果以上两个问题你的回答都是否定的，那么右侧的营养金字塔将帮你详细且快速定位你的饮食习惯处于哪一个层级。当然你也可以结合此图自行对目前的饮食结构进行优化。

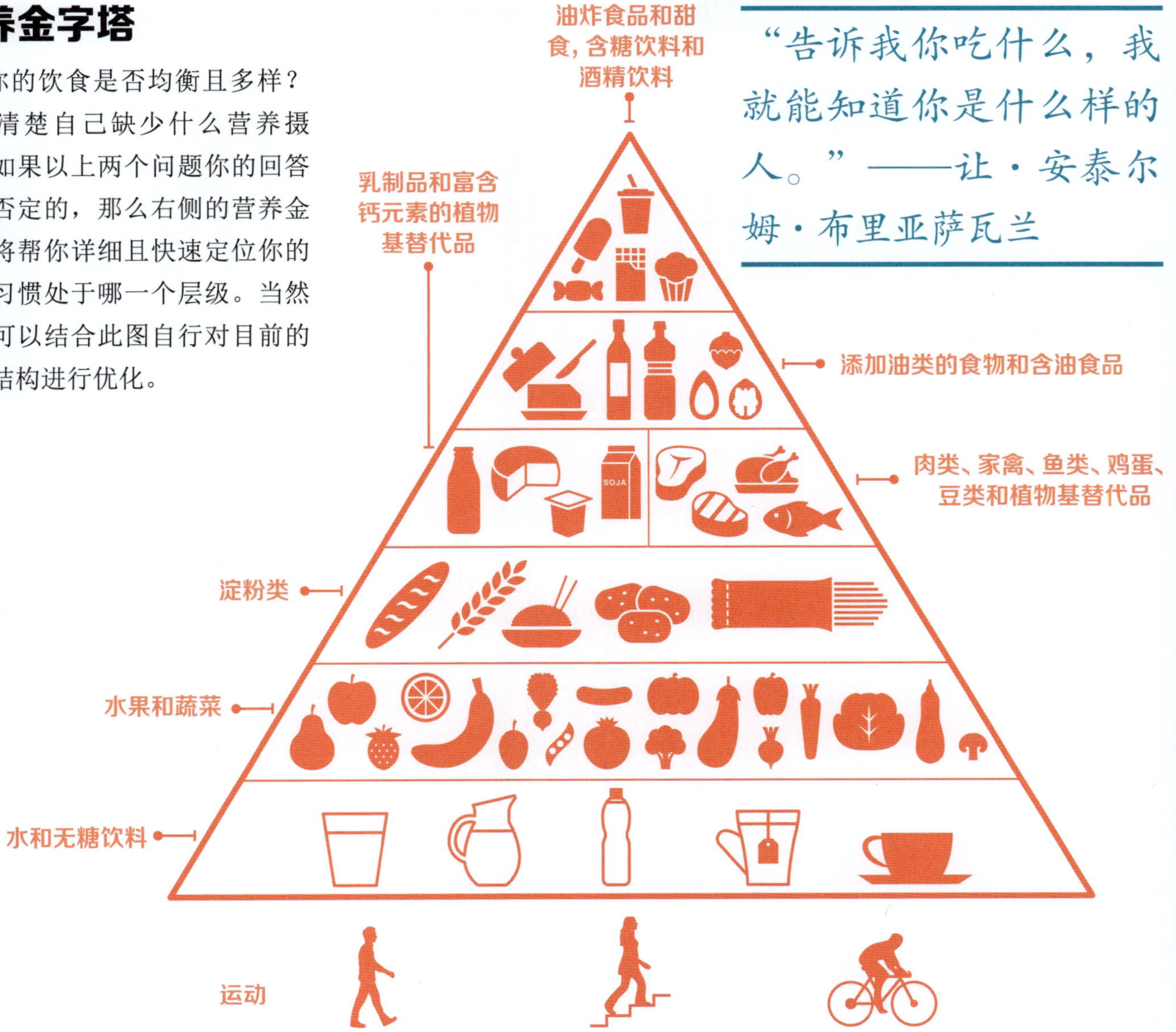

“告诉我你吃什么，我就能知道你是什么样的人。”——让·安泰尔姆·布里亚萨瓦兰

上面的营养金字塔不光提供了食物分类层级，还增加了与维持人体营养均衡密不可分的层级——运动。

1. 基本营养食物

这类食物需大量摄入，提供每天基本的营养。

- 新鲜果蔬或未经加工的速冻果蔬
- 淀粉类食品，优先食用全谷类食品，可添加微量的糖或盐

2. 可经常食用食物

这类食物也在营养多样化中占有一席之地，但重要性不及基本营养食物。

- 全乳制品
- 果汁
- 添加盐或油类的蔬菜制品
- 白肉（如禽类）

3. 偶尔食用的食物

这类食物可以食用，但须控制摄入量。

- 果酱
- 奶油酸奶
- 烟熏鱼肉
- 黄油

处于营养金字塔顶层的油炸食品和糖制品不属于上述任何一类，也不是人体维持营养均衡所必需的食物。

在根据营养金字塔选择食物的基础上增加个人口味偏好后，还可以每周额外多食用2～3次肉类，但如果饮食已经足够均衡多样，则没有这个必要。天然食物可以作为补充人体所需蛋白质的替代品。例如鱼类和甲壳类富含Omega-3脂肪酸；蛋类，特别是蛋黄，也含有较多蛋白质，而且与肉类一样有饱腹作用。苋菜、豆腐、部分植物种子、核桃和杏仁，以及扁豆、四季豆等蔬菜都富含植物蛋白。如果你每天食用肉类的占比很大，可以从现在起逐步减少肉类的食用（可根据个人需求，达到完全不食肉的程度），用大豆制品来代替。

备注：上文的营养金字塔不适用于儿童、青少年和运动爱好者。

运动爱好者的饮食

建议所有人都保持均衡多样的饮食，有助于塑造健康体质和提高身体耐力。如经常运动，可以通过饮食搭配来优化体能。

- 正常摄入油脂和蛋白质，提高碳水化合物（全麦制品、大米或面粉制品），蔬菜和水果，豆类（鹰嘴豆或扁豆等）等的摄入量。
- 饿的时候可以自制甜点（五谷能量棒、全麦能量球、坚果蛋糕、混合麦片等）。
- 多食用二类配料：辛香料（姜黄、生姜等），香料（罗勒、百里香、鼠尾草等），种子类（芝麻、孜然等），油料果实（榛子、核桃、杏仁等）和天然油脂（牛油果油、橄榄油等）。
- 自制营养饮品（具有抗氧化、补充矿物质、解毒的功能），补充碳水化合物和金属元素（钠、镁、钾元素），多饮用富含碳酸氢盐的水，食用含有柠檬酸盐的食物（如柑橘类水果）。
- 此外，饭后至少3小时再进行运动，同时也要避免空腹运动。

升糖指数

升糖指数（GI）是一种对含碳水化合物的食物的分类标准，根据食物摄入后两小时内对血糖即血液中葡萄糖含量的影响来判断。

升糖指数和人体有什么关系呢?

为了避免低血糖，通俗来讲就是避免饥饿或运动带来的四肢乏力现象，而低GI食物可以有效解决这一问题。GI越高的食物葡萄糖分解速度越快，分解后的葡萄糖在短时间内被人体吸收，帮助人体快速充足大量能量。问题是这类能量来得快，去得也快！低GI食物葡萄糖分解速度更慢，人体感到饥饿的概率更低。因此，建议在骑行或跑步结束时食用高GI食物，起到快速补充体力的作用。

一般在我们做运动前，特别是要跑步几公里时，最理想的选择是吃低GI食物，可以让我们运动时间持续更久，并持续燃烧大量脂肪，起到双赢作用。

食物的选择取决于运动目的:

- 想要减重，优先选择低GI食物。
- 娱乐休闲运动，选择中等GI的食物。
- 以提高运动成绩为目的的话，建议在运动前15分钟食用高GI食物（如各类糖制品）。

咀嚼

咀嚼在食物的消化过程中起着重要作用。食物嚼得越细碎，越有利于消化系统进行消化，人体可以把节省消化系统工作的能量运用到其他地方。

品尝

食物放进嘴里后，放下餐具，直至嘴里的食物咀嚼细碎后吞咽，再拿起餐具继续进食，以此重复直至吃完。

需要了解的知识

世界卫生组织（WHO）建议人体每天食用400～800克的水果和蔬菜。专家建议每餐蔬菜占比必须在食物总量的2/3或是一半；淀粉类须占食物总量的1/3或1/4。

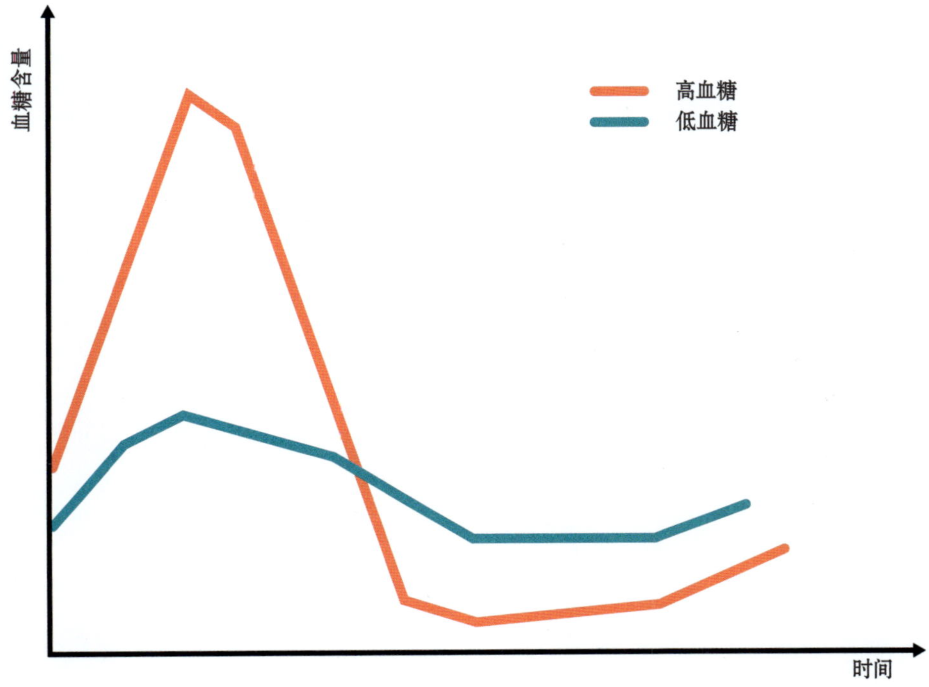

优先选用新鲜的、未加工或微加工的食材

更多地选用新鲜的食材（最好是有机食材或者应季农产品），能有效地减少添加物的摄入，这类添加物存在于盒装的蛋糕和成品菜中，并非人体所需的营养元素。

食谱

参考下列两个食谱，在家中自制健康又美味的甜点！

在做高强度运动期间，用高能量食品填饱你饥饿的肚子。

家常版杂粮棒

（制作6根杂粮棒的材料用量）

- 1根香蕉（香蕉越熟，糖分越多，GI越高）
- 50克红糖
- 3汤匙槭糖汁（或龙舌兰糖浆）
- 半咖啡匙香草精
- 140克杂粮（小麦、燕麦、荞麦、黑麦等，或混合添加）
- 30克杏仁粉

1. 烤炉预热至180℃。香蕉放入平底锅内捣烂，文火加热，放入红糖、槭糖汁、香草精，慢炒直至融化。

2. 把平底锅拿离煤气灶，倒入杂粮和杏仁粉，搅拌均匀。

3. 搅拌均匀后倒入长方形模具，均匀压实。

4. 放入烤箱，烘烤15分钟。取出后冷却1小时，然后切分成6块即可。

小心思：可以用15克的南瓜子或巧克力碎进行点缀，但要小心巧克力会在口袋里融化。

能量球

（制作12个能量球的材料用量）

- 70克去核椰枣
- 70克杏仁
- 70克腰果
- 70克椰子油
- 20克南瓜子
- 1个柠檬的柠檬汁（黄色或绿色都可以）
- 1汤匙槭糖汁
- 1咖啡匙芝麻酱

1. 把所有材料混合打碎（借用搅拌机），大概需要1～2分钟。

2. 取一汤匙混合好的材料，捏成一个一个小球放在一旁，直至材料用完，然后把小球放进冷藏室冷冻至少2小时。

饮　水

水和食物一样重要，甚至水更重要。人体的60%由水组成，充足饮水是维持人体机能正常运行的基础保障。

避免不适

正确补水在避免身体受伤或缓解不适（抽筋、发热、疲劳、肌腱炎和消化不良等）方面是不可或缺的一环。当在进行要求强耐力和持久力的长途户外运动期间饮水不足时，人体可能会感到上述不适。运动期间出现发热，就必须保持警惕了，后续可能会出现过度饥饿或高热。骑行期间人体会出现脱水的现象，比如双腿沉重、喘气、肌肉疼痛和强烈的口渴感。此外还可以凭借尿液颜色判断身体情况：

- 尿液呈浅黄色或白色：良好，身体代谢正常。
- 尿液呈琥珀色：不佳，机体缺水且正在囤积毒素。

因此，规律饮水是避免脱水及脱水引起的一系列问题的最首要的一步。

正确饮水

人体每天需要补充1.5升的水分，在天气炎热或做常规运动时，对水分的需求量更大。最佳饮水时间是两餐之间。因此可以随身携带一瓶水，规律饮水。

运动期间补水

水是维持人体所有机体活动必不可少的物质。要了解，人体丢失1%的水分意味着所有身体运动和肌肉运动的效率降低10%。因此，必须在运动前、中、后期正确补水。

预先补水对运动员来说很是关键，强烈建议在参赛前1小时饮用1升水，然后在正式比赛前5分钟再补充250毫升的水分，以补充在不经意间消耗掉的水分。

比赛期间，必须严格按照每15分钟饮用100～150毫升水的规律来补充水分，不要在感到口渴之后再喝。建议在做长时间（超过2小时）或高强度运动期间，饮用添加碳水化合物的水或功能性饮料。

运动后，需要及时补足人体丢失的水分。事实上，人在运动前后减轻的1千克体重就是运动消耗掉的1升水分。为避免脱水，请在运动前后称重，如果前后有差值就代表有水分丢失。

运动后饮水更重要，它能帮助体能更快恢复，减轻身体疲惫感。

推荐的补水食物：

1. 水，特别是碱性水或富含钠的水。
2. 富含钾的食物（香蕉、果脯、蔬菜和瘦肉）。
3. 含盐食品（特别是跑步时，盐分会大量流失）。

不要感到口渴的时候才喝水

感到口渴说明人体已经缺水了！运动期间，尽量每20分钟喝一次水。

加强肌肉锻炼
并矫正骑姿

加强肌肉锻炼

你是否一直尝试进一步提高自行车技能，却没有取得令你满意的进展？本章节，将帮你通过每周的肌肉锻炼和对骑姿的矫正，提高骑行技能不是问题！

自行车运动虽然会锻炼到身体局部的肌肉，却不能达到最佳的肌肉锻炼效果。下列动作将帮助你增强肌肉力量，提高运动效率。

深蹲

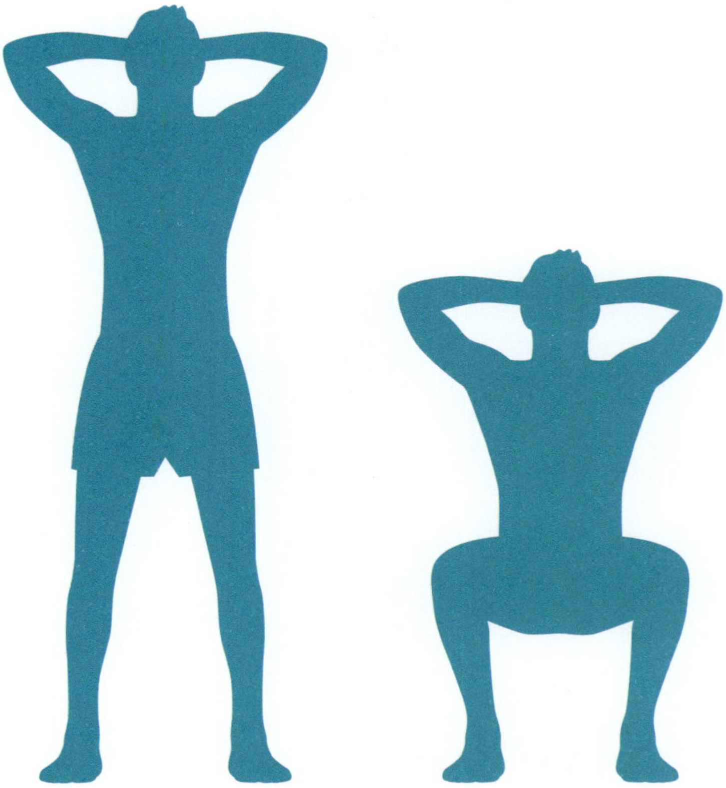

运动时长和频率

一次3组，每组30个，每组结束后休息几分钟再继续下一组。每周除其他运动外，还须坚持练习2～3次深蹲。深蹲可以锻炼到自行车运动涉及的所有肌肉群，如大腿肌、臀肌等。半坐式深蹲姿势与自行车蹬车姿势相似，可以更有效地让肌肉得到锻炼。

1. 首先保持身体直立，双脚自然分开，与肩同宽。

2. 吸气时屈膝下蹲，臀部向后坐，感觉像是要坐在椅子上。下蹲直至大腿与地面平行。

3. 吐气时起身，由脚后跟发力。深蹲过程中保持背部挺直，小腿胫骨尽量与地面垂直，双脚微微向外打开。

备注：弓步（参阅本书第165页）和深蹲作用相同，都能锻炼自行车运动用到的所有肌肉。

平板支撑

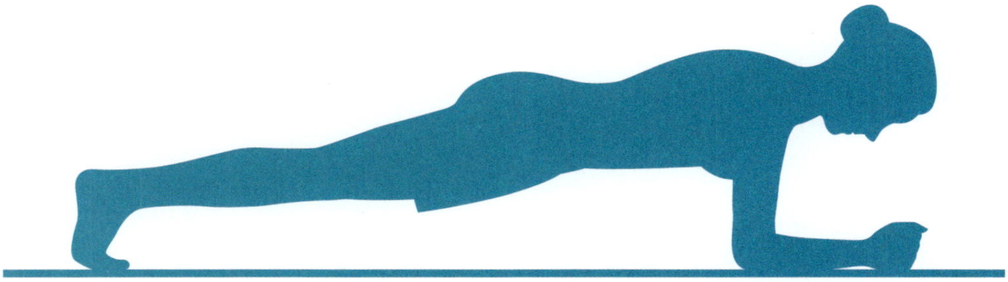

运动时长和频率

一次4组，每组30秒，每组结束休息30秒后继续下一组。每周重复练习2～3次。

这个动作帮助锻炼腹部和背部肌肉，有助于骑手在骑行时维持良好姿势，还可以塑造腹斜肌。

1. 首先俯卧，伸展腹部，将两前臂平行放在地面上起支撑作用，手肘位于肩膀正下方。脚尖回勾，蹬起身体，双腿打直与盆骨同宽。

2. 前臂和脚趾起支撑作用，脚掌竖立。此外，收紧腹部，抬起臀部与脊柱、颈部成一条直线，眼睛看向地面，头顶向前以保证背部挺直。

3. 不要弓腰或塌腰，也不要翘起臀部。收紧肩胛骨，肩膀往臀部方向伸展，然后在此处停留保持。将注意力集中在呼吸上，保持均匀且缓慢的呼吸。

俯卧撑

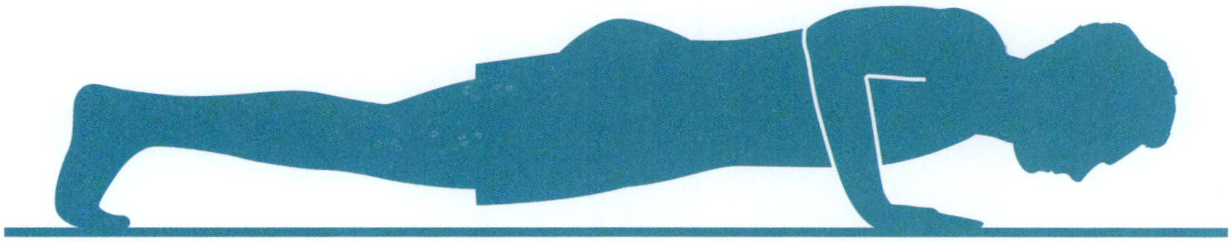

运动时长和频率

一次3组，每组10个，每组结束后休息几分钟再继续下一组。每周重复练习2～3次。

在长途户外骑行中，背部力量和身体高度尤为重要。练习俯卧撑，帮助你更好地适应长时间骑行并且长时间保持俯身式骑行姿势，这个姿势能通过减小空气阻力来加快骑行速度。

1. 双手支撑身体，间距略宽于肩，双臂垂直地面。双腿向后伸展，双脚并拢。

2. 将手肘弯曲，带动下巴、胸部和髋部靠近地面。收紧腹部，保持身体在一条直线上，保持1秒后全身发力推起身体，再进行下一个。

3. 俯身时吸气，起身时缓慢呼气。

正确的骑行姿势

自行车骑行姿势尤为重要：不仅能帮助你在骑行中免受痛苦和不适，还能提高骑行效率。

除了肌肉锻炼之外，骑行姿势也极大地影响着骑行效果（参阅本书第32页）。有多年骑行经验的人也完全有可能一直用着不正确的骑行姿势或蹬车方法。参照以下几条规则，可以纠正自己的姿势，以提高骑行效率，从而有效避免身体过快疲劳，减少肌肉代偿。

• 保持双臂弯曲，目光前视，尽可能地延长视线长度，把注意力集中在腿部。

• 正确调整车座高度，臀部固定，不要在车座上扭动。

• 骑行时让胯骨、膝盖和踝关节可以在一条直线上，以达到更高骑行效率，提高舒适感，减轻疲劳。

• 蹬车不用脚后跟，少用足弓。想要提高骑行效率，必须前脚掌施力，也就是脚跖到脚趾尖之间的部分（参阅本书第51页）。

脚跖骨隆起部位与膝盖都应位于自行车脚踏的中轴线上。

把前脚掌移到脚踏中轴线后方，可以加快骑行节奏，但另一方面也增加了对脚后跟的施力，使脚掌在脚踏上固定不动的难度增大。为了让脚掌更稳定地固定在脚踏上，可以把前脚掌前移至脚踏中轴线前方。

注意： 自锁脚踏和带脚套的脚踏能够帮助保持脚掌姿势，帮助骑行者采用更有利的骑行姿势。

正确　　错误　　错误

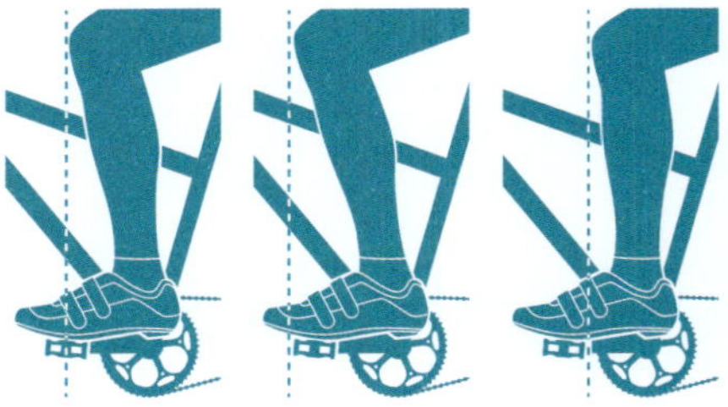

正确　　错误　　错误

市区内骑行姿势

骑行条件：一辆荷兰式自行车，主要骑行区域为市区。

理想骑行姿势：背部挺直，荷兰式自行车自然而然地迫使上半身尽量保持直立，也就是骑行者的身体与地面几乎保持垂直。这类自行车的把手曲度较大，使得双手能放在非常靠近身体的位置，保证了骑行时的舒适感，普通的骑行节奏也不会让身体感到疲惫。脊柱将处在自然状态，手臂和双手微微收紧，但此刻全身重量几乎都集中于臀部，因此在骑行一段时间后骑行者就会感到臀部肌肉疼痛。同时，这个骑行姿势会一直承受风阻，提速时会很快产生不适感。

竞赛骑行姿势

骑行条件：一辆竞赛自行车，仅用于竞赛准备阶段。

理想骑行姿势：身体前倾，呈俯卧姿势，这样可以保证骑行者在路上的舒适感，帮助骑行者减轻在长距离骑行中肩膀和颈部的负担，确保双手有良好的着力点，避免背部受力过多，减少脊柱和臀部肌肉的使用。此外，身体倾斜度越大，自行车运动员越能从最优的骑行姿势中受益，最大限度提高骑行效果。竞赛骑行姿势让全身力量集中在腿部，要求骑行者拥有更好的核心力量。骑行者需要在出发前定期训练并且做好充分准备，以防骑行时过早疲劳和肌肉酸痛。

长途旅行骑行姿势

骑行条件：一辆山地自行车，骑行区域为城市、公路或偏僻小路。

理想骑行姿势：身体微向前倾。山地自行车车把的曲度没有荷兰式自行车那么大。微向前倾的姿势可以让骑行者保持最佳的舒适度，以及获取良好的视野来观察路况和路障。在公路上骑行时，可帮助力量更好地传导至脚踏；在小路上骑行时，则可减少地面冲击力；若是想在柏油路面上有更佳的舒适度，最好选择配有减速器或悬挂装置的自行车。但前倾姿势会增加手臂受力，特别是在弯曲的石子路或森林小路的路面上时，因此更建议在中短距离的骑行中采用。

躺车

想要在完全舒适的前提下尽情享受骑行带来的快乐，可以选择躺车。躺车大大减少了背部、颈部、手臂和肩膀的受力，无须再担心除腿部以外的其他部位的疼痛。心率也不会波动太大，使人体在长距离骑行中也不会容易劳累；而且，躺车正面受力面积小，迎风面小，空气阻力大大减少。除此之外，车身高度的降低让人感觉车速更快了。但最好是在专用自行车道中使用躺车骑行，仰躺的骑行姿势大大缩小了骑行者的视线范围，降低骑行者对事故的预判能力，可能在极短的时间内发生安全问题。

增强身体柔韧性

柔韧性锻炼和拉伸运动

自行车运动也可能导致身体疼痛或受伤。定期进行柔韧性锻炼和拉伸运动，可以增强身体肌肉弹性和活力，减轻运动时的不适感。

锻炼柔韧性对肌腱、韧带和关节都很有好处，而拉伸运动则对增加肌肉长度作用较大。

不要在受伤时做运动，这可能会加重伤势，应当给自己足够的时间休养，如休养一段时间后发现没有好转，请及时咨询医生。正常来说，热身运动有助于避免肌肉在运动后产生持续性疼痛，正如我们所说的“预防好过治疗”。

如有需要，可以定期进行本章介绍的锻炼。理想情况是一周2次，可以在日常运动量不大的时候增加锻炼次数。拉伸可以降低运动时受伤的风险，不仅让身体感觉更轻松舒适，还让你更享受骑行过程！

瑜伽和呼吸

“瑜伽”一词意指联结、结合、和谐。瑜伽不仅能锻炼我们的身体，还能在精神层面给我们带来益处。

为什么选择瑜伽？

瑜伽可以帮助身体进行伸展和放松，调节人体的呼吸方式。不仅如此，瑜伽运动无须专业器材，只需要一套贴身瑜伽服和一张瑜伽垫，身体不够灵活的人还可以准备一块瑜伽砖。建议每周安排一次瑜伽运动。

本书选列出的瑜伽体式主要针对人体下肢、腹部肌肉和背部肌肉的锻炼。当然其他身体部位也能得到相应锻炼，只是相对较少而已。一般来说，与被拉伸部位相对的部位会感到紧绷，例如拉伸腹部时，背部肌肉就会处于紧绷状态，这是正常现象。

呼吸是瑜伽运动中不可缺少的组成部分。多数瑜伽体式都要求身体抬起时吸气，放下时呼气。平均每个体式保持5～10组呼吸（1组呼吸=1次吸气+1次呼气）。整个过程保持深呼吸，尽量让呼气时间长于吸气。

想要快速完成一组强度较大的瑜伽体式，可以尝试减少呼吸次数，同时在运动过程中把注意力完全集中到动作的完成上。

开始前，找一处安静的地方，播放舒缓的音乐，营造好瑜伽氛围。

不要拉伸过度！

当保持拉伸姿势感到肌肉疼痛时，说明你的身体已经达到拉伸极限了，不要强行坚持。部分体式要求身体与地面接触，这时可以借用瑜伽砖或其他物品，放在身体与地面之间的空隙里起支撑作用。规律的瑜伽练习可以让身体越来越柔软。

眼镜蛇式

锻炼部位：背部肌肉，对身体前部（腹部肌肉）起拉伸作用。

1. 身体俯卧趴在垫子上做准备姿势。双臂沿身体方向平行放置，手掌完全平放在地面上。

2. 绷紧背部肌肉，利用背部肌肉往前推动并抬起上半身，收紧腿部和臀部肌肉。此时双臂用力将上半身向上撑起，双眼看向上方。双臂仅起支撑作用，不要太过用力向上顶。

3. 保持姿势不变，双手轻轻向前推地，手臂与身体处在一条直线上，手肘微弯曲。眼镜蛇式一般不会给身体带来不适，如果感到不适时立即停止并回到俯卧，用鼻腔缓慢呼吸。一组动作保持4～10组呼吸。

建议：整个体式要求压住耻骨，下腹部贴地。

上犬式

腰肌

常被大家忽略，也被称为“垃圾肌”。有规律地锻炼腰肌可避免腰部疼痛，同时放松背部和脊椎。

锻炼部位：腰肌部位。

1. 和眼镜蛇式相同，身体趴在地上做准备姿势，双臂沿身体方向平行放置，不同之处在于支撑身体的手臂。双臂打直，双眼看向上方，臀部尽量往下压。手掌紧贴地面，将整个身体重量集中在手掌上。

2. 双肩自然下沉，放松背部肌肉。利用打直的手臂支撑身体，肘关节打直但不要超伸。

建议：上犬式可伸展胸腔和肺部，使得这个过程中呼吸更加细小短促。可以增加2～3组呼吸，让上犬式的维持时间和其他呼吸不受限的体式的维持时间一样。

下犬式

锻炼部位：整个身体后部（背部和双腿）。

1. 手掌和脚掌触地，背部打直，头部顺着脊柱方向伸展。

2. 双手和双脚感到拉伸时轻轻推地。保持背部平展，头部沿脊柱方向伸展，臀部往上方抬起，身体不要蜷缩，整体呈倒置的V字形。吸气时臀部往上抬，就好像有绳子在往上拽一样；呼气时放松肩膀。

3. 收紧大腿起到拉伸腿后侧的作用。双眼看向双脚，肩膀放松，双耳远离肩膀。双臂打直，锁住肘关节。一组动作保持5～10组呼吸。

注意：当感到下背部疼痛或者觉得动作完成起来有难度时，可以微微屈膝，脚后跟抬离地面。当觉得姿势维持起来困难时，可以交替弯曲膝盖。整个运动过程中，注意观察身体的反馈，适当放松身体。

站立前屈式

锻炼部位：大腿后侧肌肉和背部肌肉。

1. 身体直立站立。双脚足弓完全贴地，腿部尽量打直。髋关节位于脚后跟正上方，双眼平视前方。

2. 举起双臂，深吸一口气；呼气时，身体向前弯曲，双臂贴近耳朵，然后把双手放于脚的两侧或脚后跟之后（如果身体柔韧度不够，则把双手放在脚踝处或抓住小腿），双手触地。保持姿势不变，和下犬式一样做5～10组呼吸。

3. 双腿稍微弯曲，双手撑住膝盖，慢慢恢复至站立姿势。

注意：如果腿后侧僵硬或者双手无法触地，可以极小幅度地弯曲双腿来放松身体，降低触地难度；也可以在身体前方放一块瑜伽砖，让双手在不屈膝的情况下触摸瑜伽砖。随着练习次数的增加，不用屈膝也能轻松触地。

骆驼式

锻炼部位：大腿前侧肌肉、腹部到颈部肌肉。

1. 双膝跪地，双腿打开与盆骨同宽，小腿压实地面保持平行，脚背绷直。双手放在髋关节或后腰，收紧手肘，肩胛骨向后伸展。展开胸膛，耻骨向前顶，收紧臀部。

2. 肩膀缓缓向后伸展，大腿向前推，胸腔向上提。肩膀展开后自然下垂，双手放在脚后跟处，放松头部，双眼自然看向斜后方。

姿势调整：如果难度太大，可以改为脚趾垂直地面放置，通过抬高脚后跟的高度来降低动作难度；也可以通过在脚下放置瑜伽砖，来加高双脚高度，减小身体弯曲程度，从而降低动作难度。

注意：在进行有规律的锻炼之后，身体将变得更加柔软。但切勿操之过急，应该根据身体实际情况进行练习。从最简单的瑜伽动作开始，当你觉得身体更有“弹性”后，再逐步增大动作难度。本注意事项适用于所有瑜伽体式。

犁式

锻炼部位：背部、大腿后侧、小腿（拉伸）和腹部（收紧）。

1. 仰卧在地面上，双臂顺着身体方向平行放在地面上，手掌触地。吸气时，用手臂和手掌支撑身体，臀部向后卷起，屈膝。

2. 呼气时，伸直双腿，双脚脚趾触地起支撑作用，脚背绷直。臀部向上抬，双腿向后伸直，此时是腹部在发力。头部紧贴地面，下巴不要用力。前臂紧贴地面，保持双腿绷直。

建议：尽可能地放松身体。犁式也会让呼吸变急促。可以用双手撑住后背来辅助动作的维持。如果觉得腿部拉伸感强烈，可以在脚趾下垫一块瑜伽砖。

注意：患有头部疾病、颈部损伤、处在月经期的运动爱好者，请勿练习本体式。

婴儿式

锻炼部位：髋关节和背部肌肉。婴儿式最适合用作两个瑜伽动作之间的过渡姿势。

1. 跪坐在双脚上，背部打直，双臂自然下垂。注意力集中在呼吸上，试着用腹部呼吸，胸腔保持不动。

2. 呼气时，身体向下贴近大腿，额头贴近地面，手臂沿身体方向放置，手心朝上放在双脚两侧。呼气时放松肌肉，平稳呼吸以降低心率。

建议：采用腹式呼吸法，身体恢复直立时呼气。如果额头无法接触地面，可以在额头下方垫一块瑜伽砖（或小垫子）。身体肌肉完全放松才能达到最佳效果。整个过程保持充足而平稳的呼吸，放松身心，进行冥想。快要睡着就说明达到锻炼目的了！

其他 锻炼方式

除前文列出的动作外，还有很多方式可以锻炼肌肉和身体柔韧性，我们更好地放松身体，可以为第二天的出行和后续的运动做好充足准备！

前弓步

锻炼部位：腿后腱、股四头肌、臀部和腰肌

1. 做这个动作时可以一只手找个支撑物来保持身体平衡，随后逐渐放松肌肉，用尽量少的力量来维持身体稳定。

2. 身体直立，双腿分开与髋关节同宽，双手叉腰。一只脚向前跨，使大小腿成90°弯曲，膝盖朝前，另一只脚和小腿紧紧压实地面，脚尖朝向正后方；背部打直，平稳呼吸，注意力放在呼气上；放松身体。

注意：收紧腰部和腹部肌肉以维持正确姿势。前屈腿的膝盖应该成90°弯曲，且膝盖边缘不超出脚尖。

臀部拉伸

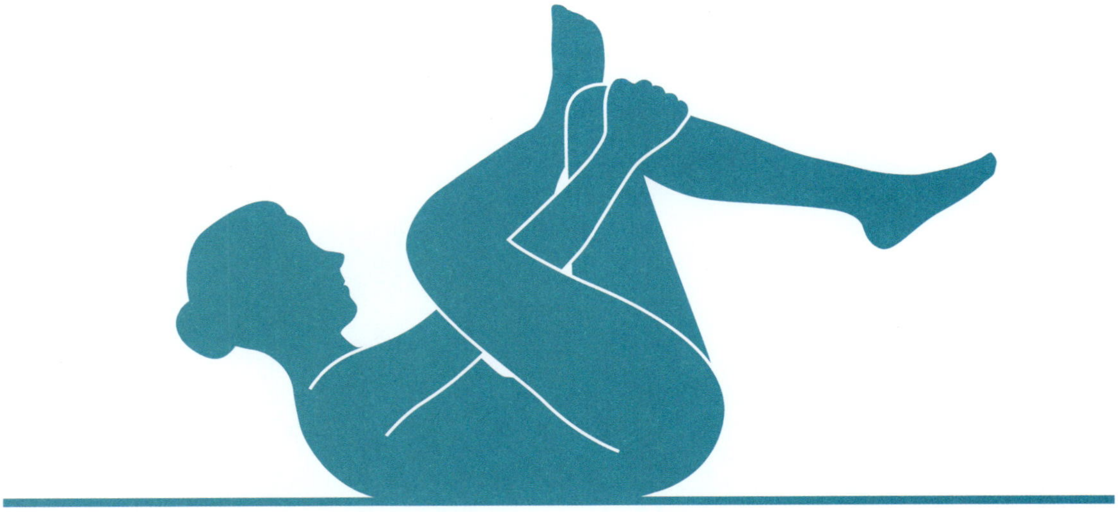

锻炼部位：臀部。

1. 仰卧，弯曲左腿，随后把右腿放在左腿膝盖上。双手抱住左腿股骨，轻轻抬起头部的同时，双手把左腿往身体方向拉。

2. 右腿重复同样动作：弯曲右腿，把左腿放在右腿膝盖上，双手抱住左腿股骨，把左腿往身体方向拉。

建议：可以让双手抱在弯曲腿的膝盖或大腿后侧，降低拉伸难度。

拉伸辅助工具

使用辅助工具可有效降低拉伸难度。此外，还可以利用工具进行深度按摩，帮助运动后体力恢复，享受宝贵的舒适时光。

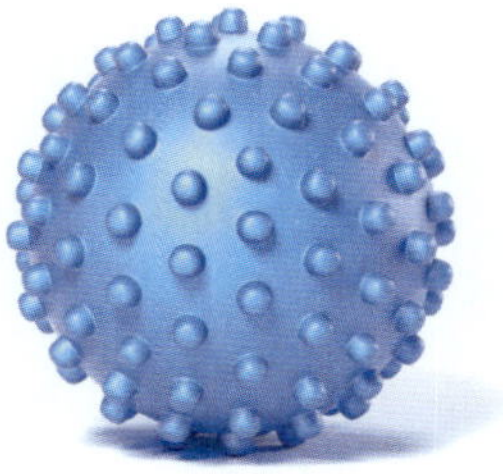

瑜伽砖

瑜伽砖由软木或塑料制成，帮助减小瑜伽拉伸幅度，辅助练习者完成部分瑜伽动作，还可当作坐垫使用。坚持使用一段时间后，可轻松完成瑜伽动作。

价格：在体育器材商店和网上销售价格都在10欧元左右。

按摩球

按摩球用于在运动过后按摩肌肉，达到缓解肌肉（臀部、腿部、小腿肚、斜方肌）紧张，促进血液循环和放松身体的目的。按摩球有不同的大小，球面光滑度和按摩刺数量也会有不同。

价格：5欧元以下，在体育器材商店或网上均可购买。

泡沫轴

泡沫轴由压缩泡沫制成，协助放松人体较大的肌肉组织（背部肌肉、大腿肌和胸肌等），有助于运动后身体能量的恢复和身体放松，同时也可以用在运动前，作为热身运动的一部分，可以有效避免在运动中出现肌肉或关节不适的情况。对自行车骑手来说非常实用。

价格：在体育器材商店和网上销售价格都在20欧元左右。

成功出行

RIDE
AT YOUR OWN
RISK

根据时间制订出行计划

日常生活中的一些不确定因素会迫使你调整出行计划。事实上，下班回家的时间或需要照顾小孩的时间都会影响你的计划。

正是如此，你常常选择在工作日进行短距离骑行，而在周末或假期进行长距离休闲骑行，甚至长途旅行。根据不同的骑行目的和路程，选择不同的骑行节奏，为专业自行车运动和休闲骑行匹配不同的车型。

短距离骑行

短距离骑行的形式有多种。当你不常使用自行车且单次骑行距离不超过30千米时，可以把这看作一场“短距离骑行”。随着出行次数的增加，你就会发现自行车是一项适合所有人的健康出行方式。一段时间后，你或许会在无意中发现自己可以毫不费劲地完成数十千米的骑行路程。

普遍来讲，短距离骑行适合所有日常出行，如上班通勤、出门购物等，也可以用作下班后或周末时自我放松。这类短距离骑行的好处主要在于，通过一定程度的日常运动让身体保持良好的健康状态。短距离骑行之前无须做特殊准备，只需要享受轻松穿行在城市之中的愉悦，同时还能获得运动的快感。

长距离骑行

想要进行长距离骑行，请记住在进行长距离和高难度骑行前，不要吃得太饱。第一次你可能会因为错误预估，在毫无准备的情况下挑战50千米距离的骑行，进而不得不面对途中的众多难题，忍受不可避免的肌肉酸痛、抽筋和疲劳，对身体和精神都将产生不利影响和消极作用。所以建议你先定一个小目标，如

在相对平缓的路段骑行2小时，练习如何提高踏频，从而锻炼心肺功能，适应骑行节奏。

提高身体耐力，能帮助你承受一定时长的中低强度骑行。一开始长时间的坐立骑行可能会导致臀部疼痛，但这很快会随着骑行次数的增加而消失。如果臀部肌肉在长时间骑行后感到不适，可以用不时地站在脚踏板上左右摇晃身体来缓解，若在摇晃身体时产生肌肉痉挛，蹬4～5次脚踏后就会消失。出发前可以通过做拉伸运动或涂抹发热药膏让肌肉发热，起步时车速不要过快。每一项运动都应该让人的身体从休息状态逐渐调整到运动状态。运动有益健康，但人体心脏和呼吸系统功能的改善在任何情况下都不可能是一蹴而就的，需要在运动前做充足准备，只有在保证规律运动的情况下才会取得细微成效。当你经过10余次骑行后，自行车的益处开始凸显，肌肉紧张度、呼吸系统和骑行敏捷度得到明显提升。所以，无须担心任何风险，也无须顾虑年龄。你完全可以进行1～2次简单的骑行，为心脏做强有力的保养。

根据目的制订出行计划

根据你自身的自行车骑行水平，可以考虑偶尔进行一次运动训练骑行，来提高你的身体素质和骑行技能。

运动出行

每一位自行车骑行者，无论是训练有素的骑行者还是新晋骑行者，都有自己的骑行习惯。职业运动员和自行车爱好者之间有着很大差别，前者制定了每季度明确的训练目标，而后者仅是进行不定期的骑行运动。但无论是哪种骑行者都必须做好以下预防措施：首先避免在前几次骑行时过度消耗，往往物极必反；然后应该根据个人空闲时间、训练计划和训练目的对骑行距离进行调整。从训练角度来说，大多数自行车爱好者都仅锻炼身体耐力，这是一个不良趋势。想要提高骑行速度或延长骑行时间，力量训练才是关键。前文（参阅本书第144页）列出的几个训练力量的方法能帮助你在蹬踏时拥有持续性动力。

间歇训练骑行

间歇训练多用于跑步爱好者，同样可以运用到骑行中，能有效地提高自行车骑行者的各项能力。目的在于恢复人体在持续性运动中难以维持的体力。每次运动后都需要相对长的恢复时间。间歇训练分为间歇时间短和间歇时间长两类，前者间歇时间为几秒，后者间歇时间为几分钟。

间歇时间短：30分钟进阶式运动，缓慢提高心跳速率。以7个相同动作为一组（每个动作30秒，间隔时间1分钟），重复三组，每组动作休息5分钟。

间歇时间长：30分钟进阶式热身运动。以4个相同动作为一组（每个动作2分钟，间隔时间2分钟），重复3组，每组动作休息10分钟。根据运动目的（有氧运动、肌肉锻炼）选择不同锻炼方式（平坦路面、歪斜路面或上坡路）。

自行车旅行

各国都有城市之间各式的自行车道为人们创造了骑行发现城市、发现自然的极好机会。不要再犹豫，仅用几天或几周的时间就能让自己完全沉浸在大自然舒适的环境中。

曾经，中国也是自行车大国，家家至少都有一辆自行车。但是随着社会的发展、生活的进步，取而代之的却是路上越来越拥堵的交通，和越来越开不起的汽车。抛开一切高科技的代步工具，骑上最原始的脚踏车，到国内最美丽的骑行路线上看一看，那里才有我们最需要的时光。为你推荐国内几条最经典的骑行路线……

我国是一个地域辽阔的国家，拥有平原、丘陵、高原、山地等各种自然环境，为大家提供了多种多样的骑行路线。同时，城市基础设施的完善，也极大丰富了骑行者的路线资源。

日常骑行路线

如果您是把骑行作为代步工具，比如上下班通勤、外出购物、短距离出行（几千米之内），那城市道路就是您的最佳选择。我国的城市道路建设日趋完善，大多数道路都配有专门的非机动车道，还有部分自行车专用道可供选择。在这样的道路上骑行，一定要注意安全，遵守交通规则。

休闲类的低强度骑行

很多骑行者会进行低强度的、以休闲娱乐为目的的骑行活动，如家庭的周末活动等。这种情况可以到附近的公园、河畔等骑行。我国近些年在城市公园、景区建设了很多自行车绿道，是您的最佳选择。而且这些路线上还能找到自行车租赁、维修点，为您的骑行提供了极大的便利。

以锻炼、训练和提升骑行水平为目的的骑行

可以选择城市郊区的空旷道路，或者山区道路。在这里，路况相对安全，您可以快速骑行，或者训练自己的爬坡、放坡技巧。注意，这种情况下车速较快，或者弯道较多，危险性高，尤其要注意安全，需要丰富的骑行经验和很高的控车技巧。

您可以通过本地的骑行网站、车店或俱乐部的公众号，或者本地的骑行朋友等渠道了解这些路线信息。

以旅游为目的的长距离长时间骑行

国内这样的路线选择也很多，比较热门的路线有：

环海南岛

海南岛位于中国最南端，对于骑行爱好者而言，海南无疑是个不可多得的骑行胜地：大海沙滩、椰林斜阳，如诗如画的海岛风光，加上难度适中的线路，让越来越多的人结伴奔向海南骑行，夜宿沙滩听海浪、吃海鲜大餐、赏海边日出美景。

海南骑行有三条路线：东线、中线和西线。这三条线路就是在20世纪70年代修建的国防公路。

东、中、西线的起点和终点都是海口和三亚，分别行经海南岛的东部、中部和西部。环岛的话是东线加中线或东线加西线。一般大家讲的环岛是东线加西线，全程800多千米，用时七八天。

海南一年四季都适合骑行，最佳的骑行时间是1、2月，此时的三亚温暖如春，温度、气候都最适合骑行。

环青海湖

青海湖位于青海省西北部的青海湖盆地内，是中国最大的内陆湖泊，曾被《中国国家地理》评为中国最美丽的湖泊。它蒙古语叫“库库诺尔”，藏语叫“错温布”，都是“青色的海”的意思。

它烟波浩渺，一碧万顷，如同镶嵌在高山、草原之间的巨大明珠，山与水和谐，湖与草壮美，如画如诗。每年7、8月份，是青海湖最美的季节。大片的油菜花，万顷碧波的青海湖，很是壮观，目前已经成为了众多骑友梦寐以求的骑行胜地。

318川藏线

318川藏线是国内最知名的骑行线路，在北纬30度线上，被誉为“中国人的景观大道”。沿318国道从成都至拉萨全程2166千米，总爬升2万多米，共需翻越海拔5000米以上的高山2座，4000米以上的高山10座，全程骑行要28天左右，无论对于自

身体力还是意志都是一次不小的挑战。

川藏路南线（国道318）：成都市—雅安市—泸定县—康定县—新都桥镇—雅江县—理塘县—巴塘县—芒康县—左贡县—邦达县—八宿县—波密县—林芝县—拉萨市。

独库公路

独库公路是近年来新兴起的热门骑行路线，被《中国国家地理》称为“纵贯天山脊梁的景观大道”，是一条连接南北疆的公路，由新疆的独山子翻越天山到库车，全程约560千米。因为季节原因，每年只有6—9月份开放，具体开放时间需要关注当地政府部门的通知。

更多详情或更多路线推荐，可通过国内的骑行App或公众号获得，如黑鸟单车、行者等。

高阶自行车

自行车骑行进阶

随着骑行次数增多，你是否已经成为自行车爱好者？如果你还希望通过参加自行车竞赛来让技能更上一层楼，请不要错过本部分内容。

有什么能比见证自行车运动员以100km/h的速度冲下大山口、以50km/h速度在巴黎鲁贝的泥泞小路上飞驰，又或以在平地上都足够快的速度攀登旺度山的情形更令人惊叹呢。但要知道，为了练就这些技艺，职业自行车手们不仅需要装配专家设计的器械，拥有强于普通人的心肺功能、专用医疗小组和营养师，还要付出不可计数的训练时间。

虽不能企及这些职业运动员的水平，但你还是可以通过观察和分析他们的骑行动作和姿势，吸取优点用于提升自身能力。

想要在骑行方面更进一步，必须从多方面着手：骑行姿势、技术、策略、饮食搭配和训练方式。不管你处于哪个阶段，都有很多知识需要学习。

骑行姿势

得益于肌肉锻炼（参阅本书第144页）和正确骑姿的习得，竞赛时保持背部前倾的姿势将大大减少力量消耗和空气阻力。而从美学观点来说，这个骑姿也是竞争对手无不欣羡的。

骑行技术

当你临时决定参加自行车竞赛，肯定会面临某些技术上的难题。上百名自行车手都是仅通过与同伴进行竞赛式练习来达到训练目的，因此前几次比赛中你将比得非常辛苦。训练时转弯不减速、下坡不长时间刹车，是为了竞赛时在团队里树立信心。要想提高骑行技术，只有一个办法——苦练，并在学会之后用越野自行车或山地自行车在狭窄、崎岖的车道或泥泞道路上多加练习，训练平衡力、安全骑行能力和适应所有地形的能力。

骑车策略

第一次参加自行车竞赛时，新手往往会因缺乏策略而败北。尽管技能远强于对手，一些失误仍能致使你无缘冠军，只因部分骑车策略仅能通过经验的累积来获取，我们常称之为“竞赛科学”。总而言之，多加训练。充足的训练能帮助你在恰当的时机做出最佳的选择并从中获益，或踊跃参与各类自行车赛，尽管你觉得自己还不是最佳骑手。其他的骑车策略更多地根据实际情

况，如不要总冲在团队前方；要节省力气用于蹬车；避开强风，等待发起攻势的最佳时机；不要从前方发起攻势，这对并行骑手不会产生任何影响，他完全能够轻易预判你的动向并紧跟上来。

饮食搭配

竞赛过程中应积极补水和进食。骑手们往往会因为专注于骑行和关注竞争对手而忘记补充能量，这可能导致他们在关键时刻体力不支。可以利用竞赛中较为安静的路段，补充水分和食物。随时在背包或上衣口袋中准备一根能量棒和一些水，对竞赛大有帮助。

训练方式

和所有竞技类体育运动一样，没有经年累月的规律训练，是无法在自行车竞赛中取得傲人成绩的。这也正是自行车运动的难处所在，迫使运动员们在严冬进行户外训练，以保持良好的身形和体重，锻炼耐力和身体力量。但想要保持最佳的比赛状态，就必须风雨无阻地训练，也正是如此，自行车运动要求运动员们具备强烈的责任感和坚定不移的决心。实际上一名自行车运动员一年内的训练时长往往远超参赛时长。

如何走得更远

如果你想要参加大型职业自行车比赛，如果你视克里斯托弗·弗罗姆（Christopher Froome）、彼得·萨甘（Peter Sagan）或罗曼·巴代（Roman Bardet）为心中偶像，可以从这些伟大的运动员身上受到极大启发。

沿着冠军之路

冠军和众人走着一样的训练路线，也许有一天你会在某条乡村公路的转弯路口与一名职业运动员不期而遇，然后简单地聊上几句，如果体力尚可，或许还能与其同行几千米。

现如今，智能手机有许多应用程序都可以帮助你获取所要参加赛事的历届参赛自行车手们的赛时表现。此外，你还可以选择你喜欢的骑手走过的竞赛路段，实地测量自己的骑行时间，两者对比查看你和他的差距在哪里。

当你足够优秀时，可以试着挑战自行车界的各种纪录。许多自行车手都会定期前往阿尔卑斯山脉和比利牛斯山脉的众多山口，如旺度、图尔马莱和阿尔普迪埃山口，以挑战该赛段冠军的纪录。那时就能更了解历届环法自行车赛冠军们的优于常人之处了。

人生没有早晚，冠军不分年纪

或许你听说过罗伯特·马尔尚（Robert Marchaud），出生于1911年，至今仍保持着国际自行车联盟专门为他设立的105岁以上组别的自行车骑行世界纪录。当时，10多万电视观众共同见证了这位身高仅1.58米的105岁老人在法国圣昆廷恩伊夫林自行车赛车场内，在1小时内完成了22.547千米的骑行。这是罗伯特·马尔尚作为一名自行车手的最佳表演，也在这里他迎来了老年时期的光荣时刻。这一暮年的举动毫无疑问是振奋人心的。自行车冠军不应该被局限在职业选手里和环法自行车赛上，或许你也可以像罗伯特·马尔尚一样，在105岁创造出属于自己的世界纪录。

环法自行车赛

如果你喜欢挑战，那么环法自行车赛是为你量身定做的赛事之一。每年都会有许多自行车手报名参加环法自行车赛的山地赛段。2018年的赛事中，安纳西—大博尔南赛段全长169千米，吸引了众多自行车手，其中也包括众多参赛经验丰富的骑手。同年7月8日的赛段由阿尔卑斯山脉四大山口组成，是冲刺冠军宝座的骑手们都想要挑战的赛段。

结　语

到这里，我们已经充分了解了自行车的所有部件和成为一名合格自行车骑行者的秘诀，不知道你有何想法呢？想必你已经迫不及待地想骑上车出发了。

先让我们一起回顾自行车给我们日常生活带来的改变：自行车运动是一项对身体损害极小的运动，在潜移默化中改善着我们的身体健康；运动后的满足感永不会缺席，运动效果将在几周后以肉眼可见的速度凸显；自行车运动对人群包容性极高，不管你是为了愉悦身心，还是为了增强体质，又或是为了体验速度与激情，自行车都可以满足你的需求；同时自行车运动对骑行者没有年龄要求，运动方式简单并适合全家总动员；无论是零基础初学者、自行车爱好者、经验丰富的运动员，还是单纯喜欢两轮交通工具的人，都可以找到适合自己并心仪的自行车。

自行车也同时支持单人或多人运动。无论你是想单独出行，还是约上亲友在阳光正好的下午一起出行，都能骑上自行车并享受整个过程。自行车可以带领你去探寻一个从未去过的地方，从另一个角度观赏你所生活的城市或开启一段冒险之旅！普通自行车爱好者也可以同专业骑手一样玩转自行车，由你来决定它的模样。

最重要的是：勿忘初心，骑享快乐！

行动起来，选择适合你的自行车和骑行装备，看遍各处美景，享受自行车骑行的乐趣。

附　录

附　录

网站推荐

值得一看的网站

http://www.ffc.fr

法国自行车联合会，负责制定法国自行车规章制度和监管自行车运动持证人员（包括道路行驶法规，山地自行车、越野自行车、室内自行车运动等）。

http://ffvelo.fr/

法国自行车旅游联合会，旨在发展和推广自行车旅游，线下拥有3000家俱乐部，为年轻人、运动员和残疾人等公众提供不同的自行车旅游活动。

http://www.fub.fr

法国自行车使用者协会，致力为自行车使用者提供日常行车问题的具体解决方案，通过建立各地自行车协会与当地政府合作的形式，鼓励民众采用自行车作为日常出行的交通方式。

http://www.francevelotourisme.com/

法国骑行旅游协会，为公众提供了最全面、最实用的自行车信息，是自行车爱好者不可或缺的信息搜索站点。网站内含有详细的骑行路线规划、交互式地图、实用贴士和旅游邀请函，吸引着不同年龄层的自行车爱好者们。法国骑行旅游协会网站还会推出国外旅游路线，发布最值得前往的目的地“Top”榜。

http://www.eurovelo.com/fr/eurovelos

网站统计了骑行游欧洲的所有线路，在这里，你可以找到超过15条贯穿整个欧洲大陆的长途骑行路线，也可以找到适合任何时间段的骑行路段。

http://www.velo101.com/

此网站主要针对专业自行车手和自行车爱好者，发布相关活动和比赛信息。

http://www.cyclable.com/blog/

此博客主要针对自行车爱好者，让他们每次都能收获不断，促使他们继续探索自行车世界。除了丰富的线上内容，其线下还拥有50家实体店，经营城市自行车骑行、自行车旅行和家庭自行车出行等业务，推广并提供优质的、耐用的自行车产品。

http://www.ensellemarcel.com/

“En Selle Marcel”是一家自行车线上销售店，如阿里巴巴般功能强大。你可以在店里找到电动自行车、传统自行车、城市自行车等各类车型，还可以购买种类众多的最新款、最高档的骑行服饰和装备。

http://www.troc-velo.com/Forum-Velo.htm

你是否在想要进行自行车运动时，才发现自己少有头绪？以货易货如何呢？“Troc-velo”致力推广山地自行车、城市自行车、自行车配件和自行车维修的二手车交换业务。网站具有丰富的二手车资源，像集市一样让自行车使用者们在线上交换有趣的物品，同时还可以发布通知和视频。

http://www.parisenselle.fr/

此协会为巴黎城区与郊区的自行车使用者相互分享有趣的骑行经验提供了平台。在公共集会中为自行车使用者们发声，仔细监测自行车基础设施和设备使用情况，参与乡村地区的自行车普及活动。还等什么，一起出发！

http://www.parisbiketour.net/

“Paris Bike Tour”为游客提供自行车游览巴黎和近郊的导览之旅，导览人员都是热爱自行车运动的多语种人才，在整个导览过程中会毫不吝惜地展现他们的热情。如果你想要更好地感受巴黎、寻觅惊喜，这场漫游之旅绝对是为你量身定做的，专业向导将在这场简单的漫游中为你带来绝妙的体验。

专业术语

B

把立:连接车把和前叉的小块部件。

变形:当车圈从垂直平面上看不到时，我们称为车轮变形。

例如：经受撞击或辐条螺母有松动后，车圈会产生扭曲。

拨链器:拨动链条使其从上一级飞轮或牙盘变动到下一级飞轮或牙盘上，保证自行车正确变速。

补胎片:小块橡胶片，用于修补自行车气胎或外胎的破洞。

C

传动系统:可以把力量从一个部件传送到另一个部件的机械装置。自行车的传动系统由带曲柄和牙盘的脚踏、飞轮组或自由轮、两个拨链器、一根连接牙盘和飞轮的链条组成。

D

导轮:后拨链器下部的齿轮，作用是紧张链条，协助链条在不同飞轮间调换。

F

反光条:反光装置，让自行车在夜间骑行时也能轻易被他人发现，一般安装在前后轮胎上。

飞轮:呈环形，带齿轮，安装在后轮轮毂上。作用是利用链条将动力传导至后轮。

辐条:传统自行车车轮配有4层辐条，分别为2层内侧辐条和2层外侧辐条。

G

跟车:紧跟在前方的骑手身后骑行，降低风阻，调整呼吸。

H

后上叉:由两根金属管组成，位于座管后方，与后下叉一端相连。作用是固定后轮，安装刹车装置。

L

轮毂:通常使用铝或不锈钢材质制作，位于车轮正中。作用是把车轮固定在车架或车叉上。

螺丝密封胶:防止螺丝松动的液体密封胶。

螺纹:螺丝和螺母上的凹槽，使得两者在嵌入孔洞后能够灵活转动，形成稳固的螺栓。

N

内胎:充气的橡胶管，位于轮胎内部。

Q

前叉:前轮安装在前叉上，使得前轮能够控制自行车的转向。

S

刹车套:竞赛自行车横把上的手握胶套，辅助刹车。

T

调圈台:用于检查车圈是否相对于轮毂一样居中，在车身上的安装是否正确，与后上叉距离是否合理。

W

弯把:车把的延长部分，与把立组成自行车车把。

Y

牙盘:位于自行车脚踏处。双脚蹬踩脚踏带动牙盘转动，从而通过链条来带动后轮。

Z

转向系统:转向系统有两个作用：将前叉固定在车身上；保证前叉的转向，让车手能通过操控导向装置来控制自行车行驶方向。

索引

Original Title: LE GRAND GUIDE DU VÉLO
First published in French by Rustica, Paris, France -2018
Simplified Chinese rights arranged through Dakai -L'Agence
This edition first published in China in 2023 by BPG Artmedia (Beijing) Co., Ltd

Illustrations : Laurent Stefano (p. 48, 49, 51, 55, 57, 58, 61, 117, 123, 135, 145-147, 148, 157-166)

Illustrations de couverture : iStock

Crédits photographiques : iStock et Shutterstock sauf p. 7, 9, 11, 12, 19, 20, 29, 30, 31 (toutes), 47, 48 (photo de gauche), 53 (photo du haut), 56, 60 (toutes), 64, 67, 68, 72, 77, 82, 91, 107, 108-109, 111, 115, 116, 117, 126-127, 130, 131, 133, 143, 144, 150-151, 153, 154, 155, 164, 169, 171, 173, 183, 185 : Unsplash

图书在版编目（CIP）数据

自行车骑行宝典 /（法）祖拜尔·艾特·阿卜杜拉，（法）罗曼·皮西厄著；涂春琰译. — 北京：北京美术摄影出版社，2023.6
ISBN 978-7-5592-0575-9

Ⅰ. ①自… Ⅱ. ①祖… ②罗… ③涂… Ⅲ. ①自行车运动—基本知识 Ⅳ. ①G872.3

中国国家版本馆 CIP 数据核字（2023）第 061813 号

北京市版权局著作权合同登记号：01-2020-6954

责任编辑：王心源
执行编辑：李　梓
责任印制：彭军芳
特约审读：高　辉
封面设计：潘丽芬

自行车骑行宝典
ZIXINGCHE QIXING BAODIAN

[法] 祖拜尔·艾特·阿卜杜拉
[法] 罗曼·皮西厄 **著**
涂春琰　译

出　版　北 京 出 版 集 团
　　　　北京美术摄影出版社
地　址　北京北三环中路6号
邮　编　100120
网　址　www.bph.com.cn
总发行　北京出版集团
发　行　京版北美（北京）文化艺术传媒有限公司
经　销　新华书店
印　刷　鸿博昊天科技有限公司
版印次　2023年6月第1版第1次印刷
开　本　889毫米×1194毫米　1/16
印　张　12
字　数　250千字
书　号　ISBN 978-7-5592-0575-9
定　价　168.00元

如有印装质量问题，由本社负责调换
质量监督电话　010-58572393